마흔에
버렸더라면
더 좋았을 것들

AKIRAMERU YUKI by Noboru Komiya

Copyright © Noboru Komiya, 2020

All rights reserved.
Original Japanese edition published by FOREST Publishing Co., Ltd.
Korean translation copyright © 2023 by Dongyang Books Co.
This Korean edition published by arrangement with
FOREST Publishing Co., Ltd., Tokyo, through Office Sakai and BC Agency.

이 책의 한국어판 저작권은 BC에이전시를 통해
FOREST Publishing Co., Ltd.와 독점 계약한 (주)동양북스에 있습니다.
저작권법에 의해 한국 내에서 보호받는 저작물이므로 무단 전재와 무단 복제를 금합니다.

마흔에
버렸더라면
더 좋았을 것들

인생에서
정말 중요한 것만 남기는
내려놓음의 기술

고미야 노보루 지음
김해용 옮김

머
리
말

나 역시 인생에서 무언가를
수없이, 많이 내려놓았다

당신은 어떤 마음으로 '내려놓음'을 생각하게 되었는가.

일을 하다가 앞뒤로 꽉 막힌 듯한 상황에 처했는지도 모르겠다. 돈이나 건강, 인간관계 때문에 고통스럽거나 다양한 이유로 꿈을 내려놓아야만 하는 사람도 있을 것이다.

'나는 절대 포기하지 않을 거야!' '끝까지 움켜쥐고 열심히 하자!' 이런 말이 힘이 될 때도 있지만 너무 열심히 하다 보면 지쳐서 자기 자신이 망가져버리는 경우도 있다.

그렇다면 내려놓는다는 건 패배한다는 걸까?

나는 그렇게 생각하지 않는다.

나는 일본에서 대학교를 졸업하고 심리학을 더 공부하기 위해 미국으로 건너갔다. 그리고 미주리대학교 컬럼비아 캠퍼스에서 심리학 박사 학위를 취득하고 미국 병원 등에서 심리치료사로 근무하면서 모교인 미주리대학교에서 교편을 잡았다.

귀국 후에는 심료내과에서 카운슬러로 근무했다. 그후 오사카경제대학교 인간학부 교수를 거쳐 지금은 사설 상담소에서 임상심리사, 공인심리치료사로 심리 상담을 하면서 전문 카운슬러를 육성하거나 심리학과 정신 훈련에 관한 강연을 한다.

그리고 전문서부터 대중서까지 심리학에 관한 책도 제법 많이 냈다.

당신은 이런 나를 보며 '살면서 무언가 내려놓아본 적이 없는 사람일 거야'라고 생각할지 모르겠다. 하지만 내 삶은 실은 내려놓음의 연속이었다.

하나를 선택한다는 건 동시에 무언가를 내려놓는다는 의미다. 하나를 손에 넣는다는 건 그 외에 다른 것을 전부 포기한다는 것이기 때문이다.

예를 들면, 나는 결혼을 했다. 그것은 다시 말해 독신의 삶을 내려놓은 것이며 다른 누군가와 결혼할 기회 역시 포기한 행위다.

그리고 대학 교수직을 그만두었다. 그와 동시에 매달 들어오는 월급, 교수라는 명함도 내려놓은 것이다. 나 역시 꽤 많은 것을 내려놓으며 살아왔다. 그 대신 손에 넣은 것이 많다.

사람은 인생을 살면서 반드시 무언가를 내려놓아야만 한다.

그 선택을 함으로써 후회는커녕 앞으로 힘차게 나아갈 수 있다.

그럼 '내려놓는다'는 건 무엇일까, 그리고 살아가면서 무엇이 가장 중요할까.

그 비밀을 내 전문 분야인 심리학적 측면에서 이야기하고자 한다.

이 책에서 말하는 지혜를 살릴 때 '어쩔 수 없이 무언가를 포기해야만 해'라고 생각하던 상황에서 '이걸로 충분해'라는 희망을 갖게 될 것이다. 그리고 '적극적으로 무언가를 내려놓음'으로써 자신에게 정말 중요한 일에 초점을 맞추고 시간과 노력을 기울이게 될 것이다.

그 열쇠가 되는 것이 자기 내면의 소리를 경청하는 일이다.

본래 경청이란 나 아닌 다른 것의 소리에 귀를 기울이는 행위다. 자기 내면의 소리를 듣는 것은 '내성(內省)'이라고 한다. 그런데 이 책에서 '경청'이라고 표현하는 이유는 타인의 목소리를 듣듯이 선입견을 내려놓고 주의 깊게 자기 내면의 소리를 들었으면 좋겠다고 생각하기 때문이다.

용기를 내어 내려놓고 자신에게 더 가치 있는 것을 선택해간다. 그리고 '의미와 충실함이 깃든 인생을 나답게 살아간다'. 이 책이 그렇게 생각하는 데 도움이 되었으면 좋겠다.

고미야 노보루

당신 안의 위대함을 되찾는
내려놓음의 핵심

　이 책에서는 삶을 미래에 대한 불안감, 과거의 후회나 낮은 자신감 때문에 꾸역꾸역 사는 게 아니라 충실하고 의미 있게 살기 위해서, 그리고 그렇게 살아가는 자신을 긍정적으로 인식하거나 생각하기 위해 매우 중요한 사항들을 이야기한다. 그 핵심은 다음과 같다.

① 죽을 운명을 직시한다

가장 중요한 건 자신이 언젠가 죽는다는 사실을 직시하고 받아들이는 것이다. 그럼으로써 당연하다고 생각했던 나날이 소중한 선물이었다는 사실을 깨닫게 된다. 그리고 유한한 삶을 감사하며 열심히 살아갈 수 있다.

이 책에서는 당신이 죽음이라는 숙명을 건설적으로 직시하도록 돕는 심리 활동에 대해 설명한다. 언젠가 죽는다는 사실을 바로 볼 때 살아가는 기쁨이 더욱 늘어나기 때문이다.

② 내면의 소리를 듣는다

다음으로 중요한 건 자기 내면의 소리를 잘 듣는 것. 살면서 무엇을 내려놓고 무엇을 내려놓지 않을 것인가. 그 선택을 올바르게 하기 위해서는 일단 자신의 감정 그리고 감각에 민감해져야 한다. 그를 위해 주의해야 할 점들을 설명한다.

③ 마음의 안정을 찾는다

단, 자기 내면의 소리에 귀를 기울이고, 있는 그대로 느낄 때는 마음이 안정된 상태여야 한다. 그러기 위해 현재 상황 어딘가에 숨겨져 있는 보물을 찾아내고 그것에 감사하는 유익한 심리 활동을 소개한다.

④ 당신에게 '정말 중요한 것'을 명확히 한다

인생에서 당신에게 '정말 중요한 것은 무엇인가'를 명확히 하는 게 중요하다. 그리고 '정말 중요한 것'을 우선시하며 살아가는 것, '정말 중요한 것'으로 제 역할을 다하는 것이다. 이 두 가지를 이룰 때 인생이 의미 있고 충실하게 변한다. 그리고 그 삶의 주인인 자신에게 가치를 느낄 수 있다.

그래서 당신에게 무엇이 정말 중요한지 명확히 하는 심리 활동을 소개한다.

⑤ 감사하며 살아간다

아울러 현재에 대해서도, 과거에 대해서도 감사하며 살아갈수록 자신에게 '정말 중요하지 않은 것'을 내려놓고(포기하고), '정말 중요한 것'을 생활의 중심에 두며 그것에 매진할 수 있다. 그래서 현재와 과거에 더욱 감사하는 마음을 가지는 데 도움이 되는 심리 활동을 설명한다.

감사하는 마음을 가지고 자신이 할 수 있는 공헌을 겸허히, 성실히 이행하며 살아갈 때, 최고의 타이밍에 다음 단계로 올라가는 계단이 나타난다.

그럼 지금부터 당신이 바라는 새로운 당신이 되어, 새로운 인생을 살아가는 여정을 시작해보자.

차
례

1장. 인간은 근원적으로 고독을 안고 살아간다

2장. 감정을 느낄수록 '무슨 일이 일어나는지' 명확해진다

3장. 그 '두근거림'의 정체를 밝혀야 한다

4장. 자신의 가치관을 명확히 한다

5장. 풍요로운 인생을 위해 무엇을 내려놓아야 할까

인간은 근원적으로
고독을 안고 살아간다

스스로 인생을 책임질 수밖에 없다

우리는 태어날 때부터 죽음이라는 미래에 가까워진다. 죽음을 생각하지 않고 살아갈 수는 없다.

그리고 '내 인생은 나만 책임질 수 있다'라는 엄연한 사실을 받아들이며 살아간다.

나는 그것을 '근원적 고독'이라고 부른다. 이 진실을 마주하는 일은 참으로 두렵다. 그래서 우리는 무의식적으로 그것을 회피하려고 한다.

예를 들어, 남성이 여성에게 "반드시 행복하게 해줄게"라고 말한다면 무척이나 낭만적으로 들릴 것이다. 하지만 사실 우리는 타인을 행복하게 해줄 수는 없다. 행복은 자기 책임이기 때문이다.

설령 누군가에게 자신의 행복을 책임지게 하고 그 사람에게 의존하며 살아간다고 해도, 누구에게 의존할지는 스스로 선택해야만 한다.

그리고 '자기가 의존할 상대를 선택한 것'에 대한 최종 책임은 스스로 짊어져야 한다.

우리는 살아가는 이상 자기 인생에 대한 책임에서 자유로울 수 없다. 우선 이 사실을 확실히 이해하는 것이 중요하다.

죽음은 순식간의 일이다

연말이 되면 한 해가 끝나는 속도가 무척 빠르다는 사실에 깜짝 놀라고는 한다.

대학생들도 3학년이 끝날 시점이 다가오면 한결같이 말한다. "아, 벌써 대학 생활의 4분의 3이 끝난 거야? 믿을 수 없어."

그와 마찬가지로 우리는 다가온 죽음 앞에서 인생을 돌아볼 때 '아, 이제 곧 끝인가? 믿을 수가 없군'이라고 느낄 것이다.

하물며 억만장자일지라도 세계를 지배한 권력자일지라도 죽음을 회피할 수는 없다. 전국시대(戰國時代)'에 천하를 손에 넣은 도요토미

---

1   1467~1615년. 일본 무로마치 막부 말기부터 시작된 일본의 혼란기

히데요시(豊臣秀吉)[2]도 죽을 때 다음과 같은 시가를 남겼다.

　　이슬로 왔다가 이슬로 사라지는 내 육신이여
　　나니와[3]의 영화는 꿈속의 꿈이로구나

　'나는 이슬이 떨어지듯 이 세상에 태어나 이제 곧 이슬이 사라지듯 이 세상을 떠난다. 이렇게 돌아보니 모든 것이 참으로 꿈만 같다.'
　의역하면 이런 의미다. 천하를 손에 넣었던 히데요시도 삶이 끝나가는 순간, 자기 자신을 돌아보니, 인생이 마치 순식간에 꾼 꿈처럼 느껴졌던 것이다.

2　일본 근대의 무장, 정치가
3　오사카의 옛 지명

누구나 죽음이라는 미래로 향한다

우리의 삶은 늘 죽음이라는 미래에 가까워진다. 하지만 언제 죽을지는 모르기 때문에 죽는다는 현실에 대해서 생각하지 않고 하루하루를 보낸다.

그래도 죽음은 늘 우리의 의식 속에 존재하며, 우리의 사고방식, 감각, 행동에 걸쳐 광범위하게 영향을 미치고 있다.

연말이 되면 '올해도 곧 끝나는구나' 하고 초조함을 느끼는 이유는 시간이 유한하다는 점, 즉 인생의 끝이 다가오고 있음을 알기 때문이다.

대학생은 낙제를 무척 싫어한다. 거기에는 물론 경제적인 이유가 있을 것이다. 낙제를 하면 수업료를 추가로 지출해야만 하고, 사회에서 일하는 시기가 늦어지는 만큼 평생 수입도 줄어들 수 있다. 하지만 학생이 낙제를 싫어하는 이유는 그뿐만이 아니다.

자신의 시간이 영원하지 않다는 사실을 어렴풋이 깨닫고 있기 때문이다. 미래가 줄어들고 있다는 사실을 알면서 현재 상태에 머무르기 두려운 것이다.

우리는 젊음도 미래의 가능성도 계속 잃으면서 늙고 생명이 사라져가는 현실을 살아야만 한다.

다시 말해, 우리 마음에는 항상 죽음에 대한 공포가 있다. 자기 자신이 사라져버린다는 공포 말이다.

하지만 평소에는 그것을 느끼지 못하며 살고 있다.

왜 늘 시간에 쫓겨 초조할까

40대의 한 여성 회사원이 카운슬링에서 이렇게 말했다.

"늘 '시간이 없다'고 느껴져 초조해요."

게다가 그 사람은 일이 재미없다고 느끼지만 회사나 주변 사람들은 그 사람의 승진을 바라고 있다, 그 기대에 부응하려고 하기 싫은 일을 하고 있다, 살아가는 의미를 모르겠다고 이야기했다.

그 사람이 호소한 괴로움은 죽음을 마주하지 않으려고 해서 생겨났다. 자신이 상상하는 주위의 기대, 세상의 상식에 연연해하며 열정도 느끼지 못하는 삶의 태도를 취하는 것이다.

하지만 만약 그 사람이 암으로 시한부 선고를 받았다면, 슬퍼하거나 화내거나 절망하는 것이 아니라 죽음을 정말로 마주했다면, 어떻게 살 것인가를 진지하게 생각하게 된다. 그 순간 전혀 다른 삶의 태도를 취하기 시작할 것이다.

같은 일을 계속하면서도 거기에서 의미 있는 목적을 진심으로 찾으려고 할지 모른다. 혹은 회사를 그만두고 정말 자신이 하고 싶었던 일을 시작할 수도 있다.

우리는 확실히 죽음으로 향하고 있다. 하고 싶지도 않은 일을 하면서 정말 하고 싶은 일을 하지 못하는 사람은 '인생의 끝이 늘 조금씩 다가오고 있다'는 사실을 외면하는 것이다.

그래서 인생에 대한 책임을 스스로 받아들이고 삶을 진지하게 살아가는 일을 미루고 있다.

그리고 인생의 끝이 다가오고 있다는 사실을 머리로는 알고 있기에 그 끝이 오는 것을 그저 두려워만 하고 있다.

앞에서 말한 여성 회사원이 정말로 두려워한 건 진심으로 살지 못하는 동안 죽음이 다가와서, 제대로 살아갈 기회를 영원히 잃어버리는 것이다. '늘 시간이 없다'는 초조함은 거기에서 시작된다.

인간은 죽음의 공포를
회피하며 살고 있다

앞에서 이야기한 상담자의 사례에서 알 수 있듯이 언젠가 반드시 죽는다는 사실을 마주하는가 혹은 마주하지 않는가, 그리고 마주할 때 어떤 태도로 마주하는가는 우리의 생활 방식에 큰 영향을 끼친다.

언젠가는 죽을 운명이라는 사실을 받아들이고 살아갈수록 매일을 선물이라고 느끼게 되고, 유한한 삶을 감사하며 열심히 살아갈 수 있다. 살아가는 기쁨이 한층 커지는 것이다.

하지만 죽음의 공포를 마주하는 것은 참으로 두려운 일이다. 그래서 인간은 자신도 모르는 사이에 그 공포를 외면하려고 마음을 매일 이리 저리 분주히 움직이거나 즐길거리에 빼앗긴다. 인간은 죽는다는 현실을 외면하고 부정하기 위해 정말 많은 에너지를 소비하고 있는 것이다.

그러면 이제부터 많은 사람이 죽음을 부정하려고 행하고 있는 방법에 대해 살펴보자.

죽음을 부정하는 방법1. 사후에도 자신의 존재를 남긴다

나는 대학 수업에서 이런 과제를 내준 적이 있다. '어떤 사람이 되고 싶은지, 어떤 인생을 살고 싶은지 글로 써서 제출하세요.' 수업이 끝나자 한 학생이 나를 찾아와 이렇게 물었다.

"저는 '죽지 않는 사람이 되고 싶다'고 쓰려고 하는데, 그런 환상을 써서 제출하면 안 될까요?"

그 학생의 경우가 바로 죽음의 공포로부터 도망치려고 죽음을 부정하는 알기 쉬운 사례다.

그가 적은 소원은 신흥종교의 교주가 되어 사람들에게 추앙을 받고, 세상을 지배하고, 영원히 사는 것이었다.

그 바람은 참으로 과대망상적이고 비현실적으로 보일 것이다. 하지만 많은 사람이 비슷한 바람을 가지고 있다. 그런 일이 너무 일반적이고 흔하기 때문에 망상적인 성질을 간과하고 있을 뿐이다.

이를테면 자손을 남기고 싶다, 자신의 유전자를 남기고 싶다는 소원을 흔히 듣는다. 그것은 자신이 죽은 후에도 자신의 영향력을 남겨두려는 생각이자 적어도 상징적으로 자신의 존재를 영원히 남기고 싶다는 바람이다.

또한 후세에 남을 예술 작품을 만들고 싶다는 바람 역시 마찬가지다. 그런 바람들은 자신의 존재가 사라지는 데 대한 두려움을 수습하려는 행위이며, 거기에는 죽고 난 이후에도 자신의 영향을 어떤 형태로든 알 수 있다는 망상적 환상이 존재한다.

'영원한 사랑'을 원하거나 언제까지나 자신을 기억해주었으면 하는 바람 역시 자신의 존재가 죽음으로 인해 사라진다는 공포로부터 도망치고 싶은 마음에서 기인한 것이리라. 누군가가 자신을 '영원히' 사랑해준다면, 또는 '언제까지나' 기억해준다면 자신의 육체가 사라진 후에도 자신이라는 존재는 상징적으로 남아 있다고 느끼는 것이다.

추억을 남기는 것도 죽음의 공포로부터 도망치는 방법이라 할 수 있다. 시간은 늘 흘러가고 지금이라는 시간은 계속해서 사라진다. 그 사실을 직면하는 것은 자신도, 인생도 얼마 뒤 사라진다는 사실을 직시하는 일이다. 하지만 과거를 보존해둔다면 인생을 잃어버리지 않은 것처럼 느끼는 것이다.

죽음을 부정하는방법2. 언제까지나 젊고 건강

　요즘 많은 사람이 '언제까지나 젊고 건강하게 살기' 위해 거금과 엄청난 시간을 소비하고 있다. 안티에이징이나 건강 증진에 대한 집착은 당연하다고 할 수 있다. 병치레하거나 체력이 쇠약해지면 불편하고 고통을 감내해야 하니 그것을 싫어하는 것은 당연한 일이다. 하지만 '언제까지나 젊고 건강'하고 싶은 바람은 죽음으로부터의 망상적 도피이기도 하다. 중년에 접어든 사람들이 성적으로 자유분방하게 변하는 경우가 있는데, 그 행동의 밑바탕에도 자신의 젊음과 힘을 확인해 죽음이 아직 멀었다고 느끼려는 의도가 숨어 있다.

　더구나 인간이 죽음의 공포와 직면했을 때 그 공포를 완화하려는 목적으로 섹스를 하는 것은 흔히 나타나는 현상이다. 죽음에 대한 불안감을 느끼는 외과의나 간호사 등 인간의 죽음과 자주 마주치는 사람들이 적극적으로 섹스를 원하는 경우가 있다.

죽음을부정하는방법3. 일중독

　일중독 역시 죽음에 대한 불안에서 도망치는 방법 중 하다. 일중독에는 조금이라도 앞서가고, 조금이라도 더 많이 성취하며, 조금이라도 더 높이 올라가야만 한다는 초조함이 있다. 그래서 늘 쫓긴다. 살아가는 일은 '좀 더 성공한 인간이 되는 것' '강한 인간이 되는 것' '우월한 인간이 되는 것' '풍요로운 인간이 되는 것' '무언가를 달성하는 것'이며, 그것들과 멀리 떨어져 있는 시간은 살아 있는 시간이라고 느끼지 못한다.

나는 대학교 1학년 때 되도록 상급생 수업을 들으려고 했다. 그 이유가 동급생들보다 '앞서 나가고 싶다'는 마음 때문이었다는 사실을 지금은 안다. 나의 그런 행동도 시간에 싸움을 걸려는 노력이며, 궁극적으로는 죽을 운명에 직면하는 것을 회피하려는 방법이다.

일중독인 사람에게 시간은 적이다. 아무리 열심히 해도 미래는 계속 줄어들고 '영구히 진보해나간다'는 환상을 깨부수기 때문이다. 우리는 시간과의 싸움에서 이길 수 없다.

죽음을 부정하는 방법4. 시간을 잊는다

그야말로 '시간을 잊은 채' 몰두하고 싶어 하는 행위도 시간이 적이라는 감각에서 유래하는 것이라 생각한다. 영적 지도자인 에크하르트 톨레(Eckhart Tolle)[4]는 사람들이 제트코스터나 번지점프에 흥미를 느

---

4   달라이 라마, 틱낫한과 함께 21세기를 대표하는 영적 지도자

끼는 이유를 이것저것 생각에 빠지는 사고(思考)의 괴로움에서 일시적으로 도망가려고 하기 때문이라고 말했다. 다시 말하면 제트코스터나 번지점프라는, 사고할 여유가 없는 상태에 자신을 놓음으로써 시간의 존재를 일시적으로 잊어버릴 수 있기 때문이라고 할 수 있다.

그렇게 살아가는 것은 미래를 잃고 있다는 막연한 불안 속에 살아가는 것이며, '지금'을 살아가지 않는 것이다.

죽음을 정면으로 마주할수록 '지금'의 소중함, 고마움을 알 수 있다. 그리고 죽음을 막연히 두려워하지 않고 '지금'을 살아갈 수 있는 것이다.

언젠가 죽을 운명을 살아가는
두 가지 방식

철학자 마르틴 하이데거(Martin Heidegger)[5]에 따르면 살아가는 태도에는 두 가지 종류가 있다.

하나는 마음을 잃은 태도.
또 하나는 '지금 이곳'에 사는 태도.

첫 번째 마음을 잃은 태도란 일상의 바쁨, 일상의 이것저것 즉 중요하지 않은 수다나 오락 등에 파묻혀 마음을 잃고 살아가는 것을 말한다.

―――――――
5   독일의 실존주의 철학자

'바쁠 망(忙)'이라는 한자는 '마음을 잃는다'는 뜻이다. 물질에 대한 집착, 돈의 많고 적음, 사람들의 말과 행동, 물건의 좋고 나쁨 등에 사로잡힌다.

그리고 두 번째 '지금 이곳'에 사는 태도란 저것은 어떻게 된 것인가, 이것은 무엇인가 하고 마음을 분주히 움직이는 게 아니라 인생에 있는 '저것' '이것' 그 자체에 감명을 받으며 살아가는 것이다. 자신도 타인도 덧없는 존재임을 깨닫는 것이다. 더 나아가 '자신의 태도는 자신의 책임'이라는 사실을 받아들이고 살아간다. 그때 자신을 바꿀 힘이 생긴다.

대부분의 사람은 첫 번째, 마음을 잃은 태도로 살아간다.

하지만 죽음을 직면하면 '지금 이곳'에 살아가게 된다. 우리는 죽음에 의해 진정한 자신이 되어 살아갈 수 있는 것이다.

인생은 주어진 것이며 남은 시간은 점점 줄어들고 있다는 사실을 마주할수록 인생이라는 선물을 소중히 하고 충실히 여기며 살아갈 수 있다. 그때 우리는 죽음의 공포라는 미래에 잡아먹히지 않고 '지금 이곳'을 살아갈 수 있다.

그래서 반대로, 인생에 만족하지 못하는 사람일수록 죽음에 대한 공포가 강한 법이다. 심리학 연구에서도 밝혀진 사실이다.[1]

인생은 선물

자신이 언젠가 죽을 운명이라는 사실을 직시할수록 그 전까지 당연하다고 생각했던 일상을 소중한 선물로 여기게 된다.

"내가 헛되이 보낸 오늘 하루는 어제 죽은 사람이 그토록 바라던 하루다."

말기 환자들을 보살피는 호스피스 간호사 우라베 구니코 씨가 가르쳐준 말이다. 우라베 씨는 암으로 시한부 판정을 받은 세 명의 환자에 대한 이야기도 들려주었다.

'감기 걸리지 마'

어떤 말기 암 여성 환자에게 극심한 통증을 완화해주는 강력한 모르핀을 투여했다. 약이 투여되자 의식이 흐려져 가족과 대화조차 할 수 없게 됐다.

모르핀을 투여하기 직전에 그 환자가 간병하는 딸에게 건넨 마지막 말은 "감기 걸릴라(감기 걸리지 마)"였다.

이 너무나도 흔한 한마디에 딸에 대한 지극한 사랑이 담겨 있음을 느낄 수 있다.

'추억을 잔뜩'

말기 암 남성이 이렇게 말했다.

"아내에게 추억을 잔뜩 만들어주고 싶어요. 여행이나 온천이나, 그런 특별한 일이 아니어도 좋아요. 그렇게 생각하는 제가 약한 인간일까요?"

'가장 중요한 것은 타인에 대한 배려'

전처와의 사이에서 낳은 딸들과 관계가 단절되었던 남성. 인생의 마지막 순간을 맞이하자 딸들이 교대로 간병을 오게 되었다.

"난 일만 120% 해온 인간이야. 그런데 마지막 순간에 이렇게 딸들

의 간호를 받다니. 무엇보다 가장 중요한 건 타인에 대한 배려야. 딸들
이 그걸 알았으면 좋겠고, 나 역시 그러고 싶어.”

이처럼 인간은 죽음에 직면했을 때 가장 중요한 것을 소중히 여기
게 된다. 죽음에 의해 인간은 다시 태어나는 것이다.

내가 수험생 시절 라디오 강좌에서 들은 말을 소개한다.

어제의 당신이 오늘의 당신이 아니듯이
내일의 당신은 더 이상 오늘의 당신이 아니다.

만일 인생을 다시 산다면

시를 한 편 소개한 다음 당신을 위한 심리 활동을 이야기하겠다.

나딘 스테어(Nadine Stair)라는 이름의 할머니가 죽음을 눈앞에 두고 썼다고 알려진 시다. 원래는 영어로 쓰여 있지만 직접 번역했다.[¹¹]

만일 내가 인생을 다시 산다면

더 많은 실수를 저지르리라.

느긋하고 유연하게 살고

이번 인생보다 더 바보처럼 살리라.

이제 와서 깨달은 것은

중요하게 받아들인 일이 거의 없다는 사실.

위험에 더 도전하고, 여행을 더 가고, 등산을 더 하고
강물에서 수영도 많이 하고 석양을 더 자주 구경하리라.

아이스크림은 많이 먹되 콩은 덜 먹으리라.
상상 속 고통은 피하고 현실의 고통을 좀 더 끌어안으리라.

보라, 난 많은 사람과 마찬가지로 오는 날도, 다시 또 오는 날도
앓고, 멀쩡하게, 상식적으로 살아왔다.

반짝이는 순간도 있었다.
만일 모든 걸 다시 한 번 시작할 수 있다면
그 반짝이던 순간을 더, 조금 더 살리라. 아니 그보다,
그 외에는 아무것도 필요하지 않으리라.

그저 지금 이 순간만을 살아가리라. 순간 그리고 다음 순간….
몇 년이고 훗날의 일을 걱정하지 않고.

많은 사람처럼 나도

어디를 가든 반드시 체온계와 보온 물병과 물안경과 비옷과 낙하산을 가지고 가는 사람이었다.

(만약 바비도 함께 여행했다면 테이프 리코더며 다리미며 헤어드라이어도 가지고 갔을 것이다.)

만일 모든 걸 다시 시작할 수 있다면

과거보다 좀 더 가볍게, 늘 가볍게 여행을 떠나리라.

과거와는 달리 훨씬 이른 봄부터 바깥을 맨발로 걸으며

가을이 깊이 무르익을 때까지 그렇게 지내리라.

손자를 좀 더 자주 안아주고

회전목마를 더 많이 타고

아이들이 좋아할 만한 것을 더 많이 하고

좀 더 많은 사람에게 인사하고

좀 더 많은 꽃을 꺾어 들고, 좀 더 많이 춤추리라.

만일 모든 걸 다시 시작할 수 있다면.

하지만,

이제 다시는 그럴 수 없다.

나딘 스테어, 〈만일 내가 인생을 다시 산다면〉

짧아져가는 미래에
불안을 느낄 때는

많은 사람이 자신에게 정말 소중한 것을 명확히 드러내려고 하지 않는다. 하지만 그것은 자신이 언젠가 죽는다는 사실을 회피하는 것이나 다름없다.

그렇게 살다 보면 죽음은 두려운 일이라고 생각하게 된다.

그리고 죽음의 공포를 대충 덮어버리고 삶이 끝없이 이어지는 것처럼 하루하루를 살다 보면, 삶을 소중하게 여길 수가 없다. 진심으로 살아갈 수 없는 것이다.

그러면 죽음이 더욱 두렵게 느껴진다. 진지하게 산 적이 없음에도 그렇게 살아갈 기회를 영원히 잃어버리기 때문이다. 그렇게 죽음이 두려워지면 더욱더 죽음을 바로 보는 일 없이 죽음에 대한 공포를 모른 체하며 살아간다. 이렇게 악순환이 생겨난다.

우리가 과거에 얼마나 풍요로웠는지 돌이켜 감사할 수만 있다면 인생을 긍정적으로 살 수 있다. 하지만 그렇게 하지 못하는 만큼 미래가 점점 줄어드는 것이 두려워진다. 과거는 여전히 빈약한데 미래가 사라져가는 게 두렵기 때문이다.[iii]

죽음이라는 현실을 마주하고, 죽음을 순순히 받아들일수록 자신에게 정말 중요하지 않은 것을 떼어낼 수 있고, 가장 '소중한 것'만을 간직할 수 있다.

당신도 나도 죽음을 향해 간다. 당신의 소중한 사람도 죽음을 향해 간다. 그 사실을 보다 명확히 인지할수록 주어진 삶에 감사하며 참되게 살아갈 수 있다.

그래서 '언젠가 죽을 운명'이라는 사실을 마주하기 위한 세 가지 활동을 소개한다. 꼭 시간을 내어 해보기 바란다.

당신이 사라진 세상을 체험해보는 활동

상상해보자. 오늘은 당신이 죽은 다음 날이다.

당신은 죽었는데 세상은 아무 일도 없다는 듯이 돌아간다.

그런 거리의 모습을 잠시 바라보며 당신의 내부에서 일어나는 변화를 가만히 관찰하자.

그리고 당신의 마음속에 떠오른 생각을 글로 써보자.

죽기 전에 하고 싶은 일을 적는 활동

가정해보자.

당신은 병들어, 남은 삶이 사흘이라고 선고받았다.

무엇을 하고 싶은가? 어떻게 지낼 것인가?

버킷 리스트를 만들어보자(단, 체력은 지금과 같은 상태다).

그리고 버킷 리스트에 적은 일을 행동으로 옮겨보자.

정말 언제 죽을지 모르니까.

자신에게 조문을 쓰는 활동

당신은 하고 싶은 일을 실컷 하며

최고의 인생을 살아왔다고 하자.

그리고 오늘은 당신의 장례식이다.

수많은 소중한 사람들이 장례식에 와주었다.

그중 한 사람이 조문을 썼다.

그 조문의 내용은 무엇일까? 생각해보자.

"○○(당신을 지칭)는 이런 사람이었습니다."

"○○는 이런 걸 해주었습니다."

"○○는 생전에 이런 일을 이루었습니다."

"○○는….."

최대한 자세히 쓰기 바란다.

이 활동을 통해 당신이 무엇을 하고 싶은지, 어떤 인생을 살고 싶은지 조금 더 명확해진다. 그것이 당신 인생의 축이 된다. 그러므로 앞으로의 인생에서 무언가를 선택해야 할 때면 여러 선택지 가운데 여기에 적은 인생을 살기 위해 가장 도움이 되는 것을 선택하도록 하자.

감정을 느낄수록
'무슨 일이 일어나는지'
명확해진다

'포기하다'라는 말의 본래 의미

'포기하다'라는 말에서 어떤 이미지가 떠오르는가.

어쩌면 약간 부정적인 감각을 느낄지도 모르겠다.

우리는 쉽게 '포기한다'라는 말을 사용한다. 하지만 그 말의 본래 의미는 무엇일까?

사전을 살펴보도록 하자.

포기하다

바라던 일을 현실적으로 이룰 수 없다고 판단해 더 이상의 노력을 그만두다

〔예〕 가정 사정으로 유학을 포기하다/포기하지 않다

아마 우리가 '포기하다'라는 말을 듣고 처음 떠올리는 이미지는 이런 의미일 것이다. 하지만 일본어에는 '포기하다'와 음(아키라메루)이 같은 단어로 '밝히다'가 있다.

밝히다

분명히 하다
〔예〕이유를 밝히다

일본어에서는 '포기하다'라는 말에 어떤 일을 명확히 밝힌다는 의미가 담겨 있다.

그리고 '포기하다'에 쓰이는 한자 '살필 체(諦)'가 들어가는 단어로 '체관(諦觀)'이 있다. 이 단어의 의미도 살펴보자.

체관

1. 본질을 자세히 꿰뚫어 봄
2. 속세에 대한 희망(욕망)을 끊고 초연한 (생활) 태도를 취하는 것

'체관'에는 '명확히 하다' '깨닫다'와 비슷한 의미가 담겨 있다.

'포기하다'에는 '노력하는 일을 그만두다'뿐만 아니라 '진실을 명확

히 하다' '깨닫다'라는 의미도 있다.

어찌 되었건 이것만은 말할 수 있다.

'포기한다'는 것은 결코 인생의 좌절이 아니다. 자신에게 있어 진실과 본질을 명확히 하고, 불필요한 것을 내려놓는 것. 이것은 궤도를 수정하면서 후회 없이, 가치 있는 인생을 걸어가기 위해 반드시 필요한 일이다.

나는 임상심리치료사로 지금까지 수많은 사람의 이야기에 귀를 기울여왔다. 그리고 스스로 고민하면서 내 마음을 명확히 해왔다. 그 경험을 근거로 당신에게 무엇에 대해 '노력하는 것을 그만두고', 무엇에 대해 '힘을 쏟아갈지' 명확히 하는 방법을 전하고 싶다. 그것이 충실하며 가치 있는 인생에 필요한 것이다. 그를 위한 방법과 사고방식을 여러 활동과 함께 설명하겠다.

감정에 뚜껑을 씌우면
마음의 소리를 듣기 어려워진다

인생에서 무엇을 내려놓고, 무엇을 내려놓지 않을 것인가. 올바른 선택을 하기 위해서는 자기 자신의 목소리를 잘 들어야 한다.

그런데 많은 사람이 자신의 진짜 감정에 뚜껑을 씌우고 있는 것처럼 보인다. 그리고 시키는 일, 반드시 해야 하는 일을 그저 하고 있는 게 아닐까 싶다.

속마음을 계속 억누르고 살다 보면 자신이 사실 무엇을 느끼는지 알 수 없게 된다.

당신이 속마음을 꽤 오래 억누르고 살았다면 먼저 해야 할 것은 '지금 나는 정말 무엇을 느끼고 있을까?' 하고 자신에게 물어보는 일이다.

자신의 감정에 뚜껑을 오래 씌워놓으면 마음에 귀를 기울이는 일이 정말 어려워진다.

자신의 속마음에 뚜껑을 단단히 씌워놓아야만 했던 원인 중 가장 큰 이유로 어린 시절부터 부모의 기대에 부응하려고 열심히 노력해온 것을 들 수 있다.

'부모님은 내가 무엇을 하기 바라는 걸까, 어떻게 느끼고 생각하기를 바라는 걸까.' 그게 마음에 너무 걸려서 자신은 무엇을 좋아하고 싫어하는지, 무엇을 하고 싶은지, 무엇을 바라는지, 어떤 기분인지 자신의 속마음을 닫아버린 것이다.

'착한 아이' '좋은 사람'이 되려고 한 나머지 속마음을 억누르고 살아가는 사람이 적지 않다.

또한 자신의 속마음에 뚜껑을 단단히 씌워야만 했던 다른 원인으로 많이 언급되는 것이 정신적 외상(트라우마)이다. 정신적 외상은 그 당시 자신에게 강렬한 공포나 고통을 준 경험이다. 정신적 외상을 겪으면 괴로운 감정을 느끼는 게 너무 두렵기 때문에 감정을 닫아둘 필요가 있다.

그래서 많은 사람이 자신의 속마음에 뚜껑을 씌운 채 살아간다.

어떤 20대 여성의 이야기다.

그녀는 어린 시절부터 늘 '착한 아이'로 살아왔지만 16살 무렵 등교를 거부해버렸다. 그 후 노력해서 유명 국립대학 대학원까지 진학했지만 '이것은 내가 하고 싶은 일이 아니야'라고 생각했다. 일단 그렇게 생각하기 시작하자 도저히 학교에 가고 싶은 마음이 생기지 않았고, 대학원에서도 등교를 거부하는 일이 다시 발생했다.

그녀는 늘 머릿속으로 '옳은 일을 생각해야 한다' '항상 옳아야 한다'고 여겨왔기에 줄곧 자기 마음의 소리를 듣지 못하는 사람이었다. 결국 '나 같은 건 쓰레기야'라는 생각을 계속하다, 죽고 싶다는 생각만 하게 되었다.

그러던 그녀가 먼저 자신에게 물어보기 시작했다. '나는 지금 무엇을 느끼고 있을까?' 자신의 속마음을 느끼려고 한 것이다.

그 결과, 그녀는 대학원을 중퇴했다.

그리고 대학원에서 공부한 것과는 전혀 다른 사진 일을 시작했다.

지금 그녀의 페이스북에는 그녀가 촬영한 아름다운 여성들의 사진이 많이 올라와 있다. 그녀가 정말 하고 싶었던 것은 대학원 공부가 아니라 여성들에게 그들의 아름다움을 보여주고 인생의 발전을 돕는 일이었다.

그녀는 대학원에서 공부한 경력, 그리고 부모에게 '착한 아이'로서 인정받기를 내려놓았다. 그 대신 '정말 소중한 일'을 인생에서 실행해나가기로 선택한 것이다.

우리는 정도의 차이는 있지만, 예전의 이 여성처럼 자신의 진실한 감정과 감각을 줄곧 무시하며 살고 있다. 먼저 '나는 지금 무엇을 느끼고 있을까'에 주의를 기울여 지금의 기분과 감정을 느끼는 것이 중요하다.

일 센스가 있는 사람은
자신의 감정에 민감

일 센스가 있는 사람은 자신의 감정과 감각에 충실하다.

지난번 한 텔레비전 프로그램에 요식업계 70대 카리스마 경영자가 출연해 업계에서 성공하기 위한 비결을 말하고 있었다.

그의 말에 따르면 "요식업계가 힘든 이유는 소비자의 취향이 변하는데, 같은 물건을 계속해서 팔기 때문이다. 가게는 변화해야 한다. 게다가 소비자의 취향이 변하고 난 다음에 파는 물건을 바꾼다면 늦고, 소비자의 취향이 바뀌기 직전에 그것을 깨닫는 것이 중요하다".

뒤이어 사회자가 "그것을 어떻게 알죠?"라고 묻자, 카리스마 경영자는 "감성"이라고 답했다. 소비자의 변화를 민감하게 파악할 수 있는 능력이 감성이라는 것이다. 더 나아가 대학교 등에서 공부하면 감성은 오히려 더 둔감해진다고 말했다.

　확실히 감정에 뚜껑을 씌우고 있으면 '시대가 변했다'고 느끼는 미묘한 감성이 작동하기 어렵다.

　특히 남성들 중에는 감정을 느끼는 데 서툰 사람이 적지 않다. 할 수만 있다면 자신의 감정도, 타인의 감정도 건드리지 않고 그냥 놔두고 싶은 사람도 많을 것이다.

　그렇게 생각한다고 해도 어쩔 수 없다.

　사회생활을 하는 사람에게는 지켜야 할 것이 많다. 이를테면 가족, 일, 입장, 신뢰, 수입…. 그것들 때문에 자신의 속마음에 뚜껑을 씌우고 자신의 역할을 필사적으로 해내는 사람도 많을 것이다.

　"만약 내 감정을 느끼게 되면 돌이킬 수 없지 않을까."

　일단 내면의 소리를 경청해버리면 판도라의 상자를 열어버린 것처럼 서서히 속마음이 분출되고, 다음 날부터 정상적인 사회생활을 하지 못할 수 있다. 그런 공포 때문에 많은 성인이 자기 내면의 소리를 마주하지 않으려고 하는 것일 수도 있다.

　하지만 자신의 감정을 느끼고 내면의 소리를 듣는 것은 일에서도 중요하다.

희미한 위화감은 대체로 옳다

지난번 이런 이야기를 들었다.

그 사람은 회사 안팎의 여러 관계자와 공동으로 프로젝트를 진행하는 일이 주요 업무다. 그 일들은 대체로 마감일이 정해져 있다. 진행자로서 그때그때 어떤 일을 결단하고 준비해야만 한다. 그렇게 늘 합의하며 진행한다고 생각했는데 '무언가 다른 것 같다'는 느낌이 왠지 모르게 들었다. 그리고 최종적으로 프로젝트가 모습을 갖추었을 때 '이건 좀 아닌데'라는 말이 나왔고, 결국 백지화되었다. 나중에 자세히 조사해보니 관계자들 사이에 말로 하지 않은 여러 모순된 의견이 있었다는 걸 알게 되었다. 역시 자신이 느낀 위화감은 틀리지 않았던 것이다….

'무언가 잘못됐다'라는 내면의 희미한 소리를 방치한 채 풍파를 일

으키지 않고 정해진 노선만 나아가면 편하다. 하지만 그것이 단추를 잘못 끼운 게 되어, 훗날 큰 문제를 만들어버린다.

희미한 위화감은 대체로 옳은 반응이다. 그것을 '기분 탓'이라고 무시하지 않는 게 중요하다. 먼저 눈앞에 안일함을 내려놓아야 한다.

일단 멈춰 서서 자기 내면의 소리에 귀를 기울이고, 현실을 꼼꼼히 관찰하고, 문제점을 명확히 한 후 처리하는 일이 가장 중요하다. 물론 약간의 혼란은 일어날 수 있다.

하지만 자신의 감정을 솔직하게 느낄수록 일에서도 사생활에서도 궤도를 수정하기 쉬워지고, 성과로도 이어질 것이다.

마음을 해방시키는
'허물없는 이야기'

자기 내면의 소리를 듣는 것은 타인이나 사회가 요구하는 의무 사항이 아니라 자신의 속마음을 그대로 느끼고 속마음에 귀를 기울이는 일이다.

하지만 그것을 힘들어하는 현대인이 적지 않다. 자신의 감정을 느끼는 일에 서툴 뿐만 아니라 평판 자체를 걱정하며 감정을 억압한 채 '좋은 사람'을 연기하는 사람도 있다. 특히 남성의 경우 각별한 주의가 필요하다.

부부 가운데 아내와 사별한 남편은 비교적 일찍 사망하는 일이 적지 않다. 한편 남편을 먼저 떠나보낸 아내는 비교적 오래 사는 경향이 있다.

그 원인 중 하나는 사람들과의 감정 교류에 있지 않을까 생각한다. 여성은 바깥 세계와 연결되어 생활한다. 이웃, 학부모 친구, 직장 동료, 지역 모임…, 젊어서든지 나이 들어서든지 남성보다 여성이 더 다양한 커뮤니티에 참여한다.

그곳에서 사귄 사람들과 허물없는 이야기를 하고 이야기를 들어주기도 하는 것이다.

여성은 과정에 대한 이야기가 많고 결론이 없는 경우도 적지 않다. 그렇게 두서없이 이야기하면서 후회스러운 일이나 기쁜 일 등 감정을 말하는 것이다.

속마음을 부정하거나 바꾸려고 하지 않고 그저 귀를 기울여주는 사람에게 자신의 생각을 이야기할 수 있는 만큼, 사람은 안심하고 마음이 해방되어 편안해진다.

그런데 남성은 나이를 먹을수록 아내와의 관계만 남게 되는 경향이 있다. 게다가 구체적인 요건을 많이 이야기하고, 자신의 기분은 말하지 않는 경우가 많다. 물론 여성도, 고립되고 자신의 감정을 이야기할 수 있는 사람과의 관계가 끊어진 경우는 많이 있다. 이렇게 되면 결과적으로 자기 감정을 억압하게 되어 심신의 건강에 악영향이 미치는 것이다.

'좋은 사람'인 척하니까
스트레스를 받는다

인간은 누구나 감정을 억제하는 경향이 어느 정도 있다.

하지만 그것이 지나치면 심리적 건강에 악영향이 미친다고 믿는 심리요법 이론가는 많다.[iv, v]

더 나아가 감정의 억압은 신체적 건강에도 영향을 미친다. 이러한 연구가 80~90년대 미국에서 활발히 이루어졌다.

'온화하고 좋은 사람'이라는 것은 현대 사회에서 바람직하다고 여기는 성인의 태도다. 그중에는 '온화하고 좋은 사람'처럼 보이고 싶은 마음에 속마음을 숨기고, 부정적인 감정을 억누르고, 바람직한 캐릭터로 가장하는 사람도 있다.

그래서 한 연구 그룹이 실시한 심리 테스트의 결과를 소개하려고 한다.

우선 자기 자신을 지키기 위해 속마음을 드러내지 않고 억압하는 사람인가 아닌가. 그리고 심리 테스트를 하는 시점에서 불안감을 느끼는가 느끼지 않는가. 이 두 가지 관점에서 개인을 네 가지 유형으로 나누었다.

〔유형1〕자신의 부정적인 감정을 느낄 수 있는 사람으로
　　　　심리 테스트를 받을 때는 불안감을 별로 느끼지 않는다.
〔유형2〕자신의 부정적인 감정을 숨기는 유형으로
　　　　불안감을 억누르고 있다.
〔유형3〕자신의 부정적인 감정을 숨기는 경향이 있는데도
　　　　그것을 억압할 수 없을 만큼 불안감을 강하게 느낀다.
〔유형4〕자신의 부정적인 감정을 숨기지 않는 사람으로
　　　　의식적으로 불안감을 강하게 느낄 수 있다.

이상 네 가지 유형으로 구분한 피험자들에게 스트레스를 주는 실험이 여러 번 행해졌다.

그러자 유형2에 속하는 사람들은 스트레스를 받아도 "별로 불안을 느끼지 않는다"라고 말했지만, 실제로 생리적 반응을 조사해보니 자신

도 모르는 사이에 불안한 표정과 심장 박동 수의 증가가 나타났다.[vi] 게다가 이마 부분의 근육 긴장과 땀샘 활동의 활발화[vii], 혈압 상승[viii] 같은 스트레스 반응을 보인다는 사실도 드러났다.

즉 스트레스를 억압하고 부정적인 감정을 느끼지 않으려고 하는 사람도 불안감이 있을 때 솔직하게 인정하는 사람들과 비슷한 정도이거나 혹은 그 이상으로 긴장감을 느낀다는 사실이 밝혀졌다.[ix]

스트레스 내성을 높이려면
감정을 표현할 것

감정을 꾹 억누른 채 느끼지 않으려고 하면 신체는 긴장감으로 굳어버리고, 건강에 악영향이 미치게 된다.[x] 그렇다면 감정을 표현하면 할수록 면역력이 좋아지지 않을까. 그렇게 생각한 연구 그룹이 어떤 실험을 진행했다.[xi]

우선 피험자를 두 그룹으로 나누었다.

한 그룹은 지금까지 어느 누구에게도 말한 적이 없는 인생의 정신적 외상 경험을 글로 쓰는 '트라우마 기술 그룹'. 그들에게는 정신적 외상으로 생긴 생각이나 감정도 쓰게 했다.

다른 한 그룹은 그날 신었던 구두나 자기 방의 가구 배치 등 아무렇든 상관없는 일을 쓰는 '아무래도 좋은 것 기술 그룹'.

두 그룹 모두 나흘 연속으로 실험실에 나와 글을 쓰게 했다.

과제를 끝마친 다음 기분을 물어보자 '트라우마 기술 그룹'은 '아무래도 좋은 것 기술 그룹'보다도 괴로운 감정을 강하게 느끼고 있었다.

그런데 6주 후에 검사를 실시했더니 '트라우마 기술 그룹'의 면역력이 향상된 게 밝혀졌다. 그뿐 아니라 6주 동안 심신 상태가 안 좋아 의료기관에서 치료받은 횟수도 줄어들어 있었다.

유사한 실험에서도 같은 결과가 관찰된 점으로 미루어[xii] 감정을 솔직하게 표현함으로써 스트레스에 강해진다는 결론에 이르렀다.[xiii] 스트레스 내성을 높이는 것은 복잡한 사회를 살아가는 현대인에게는 반드시 필요한 일임에 틀림없다.

감정을 해방하는 일은 어렵지 않다

자신의 내면에 귀를 기울이고 있는 그대로의 감정을 가만히 느끼다 보면 지금까지 줄곧 억누르고 무시해왔던 감정이 솟구치는 경우가 있다. 그럴 때 대부분은 분노나 슬픔 등의 부정적인 감정이다. 물론 기쁨이 솟아오르기도 한다.

어찌 되었든 감정을 해방하는 게 중요하다. 단, 감정을 해방한다고 해서 타인을 비난하고, 타인에게 화를 내거나 폭력을 휘둘러서는 안 된다. 자신의 감정을 철저히 느껴야 한다. 그리고 다른 사람에게 상처를 주지 않고 감정을 해방하는 방법은 많이 있다.

이를테면 안전한 장소에서 소리치거나 우는 방법이 있다. 나는 혼자 노래방에서 노래를 부르거나 아무도 없는 등산로를 걸으면서 한껏

절규하거나 한다. 쿠션을 힘껏 두들기는 행동도 효과적인 방법이다.

당신이 육체적인 방법보다 이미지화하는 데 더 자신 있다면 감정을 그저 가만히 느낀 다음 그 감정을 머릿속에서 이미지로 만들어 하늘로 날려 보내는 방법도 유익하다.

자신의 솔직한 감정이나 생각을 그대로 일기에 적는 방법도 효과적이다. 문장 실력이나 내용의 옳고 그름은 신경 쓰지 않고, 그냥 속마음을 생각나는 대로 자유롭게 문장으로 적어보는 것이다. 그 활동을 통해 마음을 가라앉히고 객관성을 키울 수 있다.

이와 같이 자신의 기분을 글로 쓰거나 다른 사람에게 이야기하는 일은 자기 내면의 소리에 귀를 기울이기 위해서도 매우 유효하다. 조금씩 자신을 객관적으로 볼 수 있게 되고, 그럼으로써 마음에 여유가 생긴다. 그러면 현실을 보다 냉정하고 올바르게 볼 수 있게 된다.

물론 잠시 당신의 기분을 솔직하게 적는다고 해서 곧바로 효과가 나타나지 않을 수도 있다. 하지만 계속할수록 점점 속마음을 표현할 수 있게 된다.

그리고 왠지 모르게 기분이 안 좋은데 그 이유를 정확히 알 수 없을 때 효과적인 방법이 있다. 이 심리 활동을 통해 당신이 무엇에 대해 어떤 감정을 느끼는지 이해할 수 있을 것이다. 다음에 소개하는 막대인형법을 꼭 해보기 바란다.

막대인형법

종이에 사람 얼굴을 그린다. 당신의 기분과 비슷한 표정을 그리자. 만일 당신이 슬프다면 우는 얼굴을 그리고, 만일 화나거나 마음이 부글부글 끓는다면 화난 표정을 그린다.

그 그림에 만화처럼 말풍선을 크게 그려 넣는다. 그리고 말풍선 안에 대사처럼 그 그림이 왜 우는지(또는 왜 화나는지 등) 이유를 생각나는 대로 적어보자. 그때 머리로 생각해서는 안 된다. 대사가 논리 정연한지, 문법이나 맞춤법이 맞는지, 알아볼 수 있게 또박또박 썼는지, 그런 것은 전혀 신경 쓰지 말고 자유롭게 쭉쭉 써나간다.

예를 들면 이렇게 쓸 수 있다.

"슬퍼. 어제 엄마가 '널 잘못 키웠어'라고 했어. 그런 말을 들을 줄은 몰랐는데. 아니, 애당초 그렇게 말하면 안 되지. 용서할 수 없어!"

머리로 생각하지 말고 그냥 떠오르는 말을 계속 써나간다.

머지않아 그 그림의 대사가 당신이 부정적인 감정을 느끼는
이유를 표현하고 있음을 깨닫게 될 것이다.

자신의 감정을 느끼려면

지금까지 살펴본 것처럼 여러 연구에 따르면 사회에서 원하는 인격체로 가장할 게 아니라 자기 감정을 있는 그대로 느끼고 솔직히 인정하는 것이 몸과 마음의 건강에 좋은 영향을 미친다고 한다.

다만, 많은 현대인이 스트레스 사회에 적응하려고 자기 감정을 느끼지 않으며 살아왔기 때문에 자신의 감정을 느끼는 데 서툴다. 그렇다면 감정을 느끼려면 어떻게 해야 할까? 여기에서 몇 가지 방법을 소개하겠다.

감정을 느끼는 방법1. 몸에 주의를 기울인다

우선 신체의 감각부터 시작하자.

신체에 의식을 집중하며 기분 좋은 감각을 적극적으로 느껴보는 것이다.

이를테면 온천에 들어가 느긋하게 있거나, 맨발로 지면을 밟으며 걷거나, 기분이 좋아지는 마사지를 받거나 하는 방법이 있다.

태양이나 달을 보는 것도 좋다. 아침 해나 석양의 부드러운 빛을 보거나 여유롭게 달을 바라보는 것도 좋은 방법이다.

감정을 느끼는 방법2. 물건을 정리한다

방을 정리하며 자신이 좋아하는 가구나 러그를 배치하는 등, 마음이 편안해지는 장소를 만드는 일도 중요하다. 자신을 위해 값비싸고 질 좋은 속옷이나 옷을 사 입는 것도 좋다. 이같이 먼저 물건부터 정리해가는 방법도 효과적이다.

감정을 느끼는 방법3. 명상한다

명상도 자기 감정이나 감각에 민감해지기 위한 좋은 방법이다.

명상에는 다양한 방법이 있다. 내가 추천하는 것은 기본 방법으로 느긋하게 앉아 눈을 감고, 입으로 가늘고 길게 숨을 내쉬고, 코로 편하게 숨을 들이마시는 것이다. 이 과정을 천천히 반복한다. 호흡에 맞춰 숨을 내쉴 때마다 '하나, 둘…' 하고 마음속으로 열까지 숫자를 세면 집중하기 쉬워진다.

또한 욕조에 몸을 담그고 '하아' 하고 숨을 내쉬면 몸이 해방되고 마음이 편안해진다. 목욕하고 휴식을 취하는 것도 일종의 명상이다.

혹은 이것저것 생각하지 말고 무심히 설거지를 하거나 바닥을 닦는 것도 명상적인 행위가 된다.

인터넷을 살펴보면 유튜브 등에 다양한 명상 방법이 소개되어 있으니 그것을 참고하는 것도 좋다.

그렇게 자기 내면에 일어나는 일, 자신이 느끼는 감정이나 감각을 몸으로 느껴보자. 그리고 함께 '오늘 나는 무엇을 느끼고 있나?' '지금 어떤 기분인가?'에 초점을 맞추고 민감하게 느낄 수 있도록 마음을 기울이자.

지금의 기분을 가만히 느끼는 것은 정말 중요한 일이다.

감정을 느끼는 방법4. 장소의 분위기를 느낀다

새로운 장소에 갔을 때, 그곳의 '분위기' 또는 '기(氣)'를 가만히 느껴보자. '왠지 모르게 마음이 놓인다' '무언가 불안하다' 같은 감각이 느껴질 것이다. 자신의 감각을 느끼기 위해 유익한 트레이닝이다.

감정을 느끼는 방법5. 작은 일부터 시작한다

환경을 정돈하고 자신의 내면을 들여다보게 되면 자기 마음의 소리가 점점 크게 들리기 시작한다.

그때 자기 자신에게 이런 질문을 던져보자.

"나의 속마음을 무시하면서 누구(상사, 부모 등)에게 인정받으려고 하는 건 아닐까?"

"이게 정말 내가 하고 싶은 일일까?"

"이게 잘하는 행동일까?"

만약 자신의 내면에서 '이게 하고 싶어'라는 희미한 목소리가 들리면 작은 일부터 실행에 옮기도록 하자.

'바닐라 아이스크림이 먹고 싶어'라고 생각한다면 그것을 사서 먹자. '왠지 모르게 이쪽 길로 걸어가고 싶어'라는 생각이 들면 멀리 돌아가더라도 그 길을 걸어보자. 이런 사소한 일부터 시작하자.

머지않아 더 중요한 일에 대해서도 자기 내면의 감각에 따라 행동할 수 있게 된다. 설령 원하는 결과가 나오지 않더라도 행동으로 옮긴 일은 경험과 배움으로 연결되고, 자기 자신의 성장으로도 이어진다.

감정을 느끼는 방법6. 다른 사람과 상담한다

누군가를 선택해 상담하거나 충고나 제안을 듣는 방법도 유익하다.

단, 그때 아무리 좋은 충고나 제안을 듣더라도 순순히 따르지 않는 게 중요하다.

일단 자기 내면의 감각을 느끼자. 그리고 다른 사람의 의견을 자기 내면의 감각에 비춰보는 것이다. 그리고 '이게 좋아'라고 느낌이 드는 것을 스스로 선택하도록 하자.

잘되든 잘되지 않든 우리는 그 경험을 통해 성장한다.

성공한 사람은 자기 내면에 귀를 기울이고 불안감이 있더라도 뛰어든다. 어정쩡한 자세가 아니라 진심을 다해 뛰어들고 실행한다. 새로운 성장을 위해 계속 도전하는 것이다.

그렇게 확장해나가면 된다.

어떤 말이든 들어줄 수 있는
존재가 있으면 마음이 든든해진다

　　그냥 이야기를 들어주고, 당신의 생각을 부정하거나 바로잡아주려고 하지 않고, 이해하고 받아준다. 그런 사람 앞에서라면 무엇이든 자유롭게 이야기할 수 있을 것이다. 용건을 전하는 이야기뿐만 아니라 자신의 속마음이나 생각을 그대로 이야기할 수 있는, 서로를 이해하는 인간관계는 정말 고맙고 매우 소중하다. 그런 관계성을 키워나갈 수 있다면 조금 어려운 일이 있어도 마음이 쉽게 꺾이지 않고, 회복력도 높아진다.

　　남성들 중에는 단골 술집이나 바가 있는 사람도 있을 것이다. 남성들이 그런 가게에 자주 가는 이유 중 하나는 마담이나 마스터에게 속마음을 드러내고 이야기할 수 있기 때문인지도 모른다.

다만, 자기 기분을 이야기할 때는 가능하다면 알코올이 들어가지 않는 편이 바람직하다.

이와 관련해 대학 시절 나를 가르쳐주었던 카운슬러 선생님의 말씀이 떠오른다.

"취해 있는 사람은 카운슬링할 수 없어."

알코올이 들어가면 마음이 마비되어버린다. 알코올이 뇌를 마비시키기 때문이다.

술집이나 바의 마담, 마스터도 없는 것보다 있는 게 낫다고 생각하지만, 가능하다면 알코올이 없는 상태에서 자신의 이야기를 들어주는 관계성을 누군가와 키워가는 편이 더 좋을 것이다.

이 세상에는 이야기를 듣는 걸 좋아하는 사람이 의외로 많다. 정신 대화사 같은 민간 자격증을 취득한 사람도 많다. 그런 사람들에게 당신의 생각을 자유롭게 이야기하고 또 그들이 당신의 이야기를 들어주는 행위는 당신 내면의 소리를 듣기 위한 좋은 방법 중 하나다.

자격증이야 어떻든 당신의 이야기를 고치거나 부정하지 않고 들어줄 사람을 찾자. 그리고 '어떻게 하면 되는지' 조언을 구하기보다 당신의 속마음을 이야기하자. 그럴 수만 있다면 그게 가장 좋다.

하지만 그 방법조차 몹시 어렵다고 느끼는 사람이 있을 것이다. 그러다 '전문가에게 맡기는 편이 좋겠다'라고 생각할 수도 있다.

전문 카운슬러에게 이야기하는 것은 참으로 현명한 방법이다.

실력 좋은 전문 카운슬러에게 의뢰하면 여러 가지 장점이 있다.

사실 다른 사람의 이야기를 듣는 일은 매우 어렵다. 아무래도 듣는 사람의 판단이 개입되기 쉽기 때문이다.

하지만 이야기를 듣는 전문가는 자신의 잣대로 재단하는 일이 거의 없고, 이야기하는 사람의 말을 주의 깊게 들으며 그 기분을 헤아린다. 일반적인 인간관계에서는 나올 수 없는 차원의 이야기까지 정성껏 들어주는 것이다.

카운슬러(세라피스트)와 함께 자신의 생각이나 감정을 이야기하면서 차분히 탐구해보자. 분노나 고통 등의 감정을 해소하는 치료 모임 역시 상당히 유익하므로 추천한다.

그 '두근거림'의
정체를 밝혀야한다

가슴이 두근거린다고 해서
무조건 좋은 게 아니다

나는 전문 카운슬러를 지도하는 일도 하고 있다. 내가 지도하는 카운슬러 중 한 남성이 이런 이야기를 들려주었다.

지방 기업에서 영업직으로 일하고 있는 25세 여성이 상담하러 왔다. 학창 시절 선배에게 들은 말이 계기가 되어 찾아왔다고 한다.

"너는 좀 더 자기 자신의 직감에 귀를 기울여야 해."

그 말을 듣고 그녀는 생각했다.

'회사를 그만두고 식당을 차리자. 그러는 편이 가슴이 더 뛸 거야.'

그래서 이곳저곳 조리사 전문학교를 찾아봤다. 하지만 아무리 생각해봐도 결단을 내릴 수 없었다. 업계 사정을 알면 알수록, 이제부터 전문학교에 다닌다고 해도, 좀처럼 직업이 되기 어렵겠다고 느꼈던 것이다. 회사를 그만둘 결심도 서지 않았다.

그런 갈등을 품은 채 전문 카운슬러를 찾아왔다. 그녀는 '직감에 따르라'고 충고한 선배에게 화가 난 상태였다. 그 선배가 이제 와서 "회사를 그만두지 않는 게 좋겠다"고 이야기했기 때문이다.

'자신의 직감에 따르라'는 말을 듣고 지금 하는 영업 일을 그만둘 생각을 하자, 가슴이 뛰었고 그래서 전문학교까지 알아봤다. 그런데 이제 와서 '일을 그만두지 말라'고 하니 너무 괘씸해서 화가 난다고 말했다.

나는 그 여성과 직접 이야기를 나누지 않았기에 정확히는 알 수 없지만 내 입장에서 봐도 지금 그녀가 회사를 그만두는 것은 그다지 좋은 선택 같지 않았다.

그때 느낀 두근거림은 정말 순수한 직감일까.

일이 싫어서 그만두면 편해질 거라고 생각했을 수도 있다. 그렇다면 정말 자신의 중심에서 나온 메시지가 아니다.

그저 가슴이 뛰기만 하면 되는 단순한 문제가 아닌 것이다.

내려놓는다는 건 좌절이 아닌 내면의 소리를 명확히 하는 것이다. 자신이 하고 싶은 일, 하고 싶지 않은 일을 명확히 해 자신에게 있어 가치가 낮은 일은 놓아버리는 것이다.

그러면 어떻게 해야 할까.

자기 내면의 소리를 경청하고, 그 소리에 따라 살아가야 한다.

하지만 내면의 소리를 이따금씩 틀리게 해석할 때가 있다.

그래서 지금부터 자기 자신을 마주하는 법에 대해 좀 더 깊게 살펴
보도록 하자.

잘못 해석해 받아들인
'내밀한 목소리'

타인의 이야기를 듣는 일은 어렵지만 자기 내면의 소리를 듣는 일은 더욱 어렵다.

많은 사람이 눈앞에 닥친 일을 처리하는 데 필사적이라 다른 사람의 이야기도, 자기 내면의 소리도 듣지 못하는 게 현실이라고 생각한다.

또한 '큰 변화를 확 주면 내 인생이 단번에 좋아지지 않을까'라고 기대하는 사람도 적지 않을 것이다. 하지만 그것은 환상이다.

앞에서 언급한 영업 일을 그만두고 조리사 전문학교를 다녀볼까 고민했던 여성의 이야기로 돌아가보자. 회사원이 이직을 생각하는 경우는 두 가지가 있다.

하나는 자신이 변화하고 성장했기 때문에 현재 회사나 일이 더 이상 맞지 않게 되었다. 그래서 한 단계 높은 성장을 향해 도전해보고 싶다. 그 단계에서 새로운 회사나 일을 선택하자. 그리고 자신이 가지고 있는 능력을 다른 사람을 돕는 데 쓰고 싶다. 현재 회사나 일에서 배운 것을 활용해 세상에 공헌하고 싶다. 이런 마음이 있는 경우다.

이 경우에는 자신의 마음에 귀를 기울인 상태다.

그런데 다른 하나는 회사나 일에 분노나 원한을 품고, 불만도 한가득하고, 지금의 현실이 싫고, 그 불행한 현실로부터 도망치고 싶어서 이직을 생각하는 경우다.

그러한 불안정한 기분으로는 자기 마음의 솔직한 소리를 듣기 힘들어진다.

또한 분노와 불만과 불행 때문에 이직하려는 사람은 다른 사람을 돕고 이 세상에 공헌하려는 마음도 부족하다.

지금의 나는 진정한 내가 아니다. 진짜 나였다면 좀 더 잘할 수 있다고 생각하는 것이다. 하지만 그럴 때는 대체로 눈앞에 닥친 일이 잘못되어 있기 마련이다. 자신이 해야 할 일조차 충분히 잘하지 못하는 경우도 많다.

그런 사람이 회사를 그만두고 무언가를 시작해봤자 '이게 아니었는데'라고 생각하게 되기 쉽다.

우선은 주어진 장소에서 해야 할 일을 열심히 해야 한다.

이를테면 이메일 한 통 주고받는 일도 열심히 하고 있는가. 제대로 성과를 생각하면서 일하고 있는가. 쉬운 일에도 실수를 저지르면서 '나는 더 잘할 수 있다'고 오만한 태도를 취하고 있지 않은가.

그렇게 자신을 돌아볼 필요가 있다.

더 나아가 지금 인생에서 기쁨이나 감사할 수 있는 일을 의도적으로 찾아내는 게 중요하다.

중요한 것은 지금의 생활에 만족하는 것이다.

그 안정된 마음의 상태에서 자기 내면에 귀를 기울이고 솔직하게 느껴야 한다.

지금의 삶에서 기쁨을 늘리기 위해 좋아하는 일을 취미로 시작한다면 더욱 긍정적으로 작용한다. 그 상태에서 '나는 이걸 하고 싶어'라는 순수한 정열을 느끼고, 더욱 성장하기 바라고, 원하는 일을 실행할 때 인생이 술술 풀릴 것이다. 설령 당신이 바라는 결과가 나오지 않더라도 순수한 정열에 따라 행동한다면 결국은 당신에게 최고의 결과가 나타난다.

하지만 현재 직장이나 일에 분노와 불만이 한가득한 상태에서 감사의 마음도 부족한 채 새로운 일을 시작하는 것은 절대로 추천할 수 없다.

당신이 막다른 길에 있다고 느낀다면

지금 삶이 만족스럽지 않다. 그 이유가 회사나 일 때문이다.

만약 당신이 이렇게 믿고 있다면 그 답답한 상태를 타개하기 위해 무엇부터 시작하면 좋을까?

먼저 자신의 삶에 만족하는 것이 중요하다.

그러기 위해서는 왜 지금의 삶이 만족스럽지 않은지, 그 근본 원인을 반드시 찾아내야 한다.

우리는 걸핏하면 잘 풀리지 않는 원인을 자기 자신이 아닌 외부에서 찾으려는 경향이 있다.

이를테면 '저런 상사 때문에 일하는 게 고통이다' '아내(남편)는 배려심이 없다'라고 다른 사람을 탓하거나 '불경기니까' '정치가 엉망이어서'라고 세상을 탓하거나 한다.

하지만 그래서는 해결의 길은 열리지 않는다.

그런 게 아니라 당신이 불행을 만들고 있는 원인을 찾아야 하는 것이다.

당신의 불행이 상사나 배우자나 세상 때문이며 당신이 그 희생자라고 정말 생각한다면 그 생각을 이렇게 바꿔보자.

내 안의 어떤 신념이나 의도가 그런 상사나 배우자를 끌어들였을까.

내 안의 무엇 때문에 세상의 형편에 휘둘리는 걸까.

혹은 다음과 같이 믿는 사람도 있을 것이다.

'어린 시절 부모님이 나를 학대해서 나는 쉽게 사람을 사귀지 못해.'

'부모가 나를 사랑해주지 않았기 때문에 이렇게 비참한 인생을 살고 있어.'

만일 이것이 진실이라면, 잔인하게 들릴 수도 있지만 당신이 지금까지 그 과거의 영향을 정말 바꾸지 못한 이유는 무엇일까. 어떤 두려움 때문에 자신을 바꾸지 못했는지 그것을 찾아내는 게 원하는 변화의 시작이 될 것이다.

자신의 마음을 진지하게 마주하기로 결심하고, 그를 위해 필요한 행동을 시작했다면, 그 진지한 마음에 알맞은 도움을 스스로 찾아 나서야 한다.

예를 들면 가르침을 주는 멘토나 진정한 결의에 적합한 카운슬러 혹은 세라피스트와 만나 자신이 불행한 원인을 찾아내고 해결할 도움을 얻는, 그런 일도 생긴다. 진지하게 마음먹으면 필요한 도움을 스스로 손에 넣을 수 있는 것이다.

지금부터 세 가지 사례를 소개하고자 한다. 어쩌면 당신의 고민과 같은 이야기가 있을지도 모른다.

사례1. '이상적인 자아'를 내려놓다

한 30대 남성 회사원은 고민하고 있었다.

"사실 저는 이런 답답한 사무직이 아니라 전문적인 일에 좀 더 관여하고 싶습니다."

그는 상당히 우수한 회사원이지만 최근 총무과로 이동하게 되어 불만을 품고 있었다. 나는 그의 이야기를 경청했다. 그러자 전문적인 일에 좀 더 관여하는 게 그의 진짜 바람이 아니라고 느껴졌다.

"당신은 지금의 일이 불만스럽고, 전문 분야의 일을 하고 싶다고 말하지만 속마음은 자녀 양육이 가장 중요한 일이라고 생각하는 것 같은데요. 어떤가요?"

그가 대답했다. "맞습니다." 최근 아이가 태어나 일과 육아를 잘 병행하고 싶었기 때문이다. 내가 다시 물었다.

"전문적인 일에 깊이 관여하지 않고 지금 직무를 성실하게 하는 게 육아에 어떤 도움이 될까요?"

그는 잠시 생각하더니 "거의 정시에 퇴근할 수 있어요" "마음과 시간에 여유가 생겨 아이를 잘 돌볼 수 있어요" "부부의 시간을 조금이나마 더 가질 수 있어요" 등 많은 답변을 했다.

"만일 지금, 반대로 전문적인 일에 깊이 관여한다면 육아에 어떤 손해가 생길까요?"

이 질문에도 "야근이 늘어날 수 있어요" "아이와 함께하는 시간이 줄어들어요" "일 스트레스가 많아져서 화난 상태로 가족을 대할 거예요" "그렇게 되면 죄책감을 갖게 될 거예요" 등 많은 답변이 돌아왔다. 그리고 나는 마지막으로 물었다.

"역시 지금의 일이 아닌 전문적인 일에 관여하는 게 더 좋을까요?"

"아뇨, 지금이 더 좋아요!"

우수한 사람일수록 '이상적인 자아상'을 가지고 있을 수 있다. 하지만 그것이 반드시 자신이 하고 싶은 일을 가리킨다고는 할 수 없다.

결국, 그의 속마음을 찾아가다 보니 '지금 이대로가 좋다'라는 답이 나왔다.

그 사실을 깨달은 그의 눈에는 감동의 눈물이 고여 있었다.

"지금까지 이런 내 모습은 안 된다고 생각해 늘 초조했습니다. 하지만 지금 모습 이대로 괜찮은 거였어요….."

언젠가 적절한 시기에 그는 전문 분야의 일을 맡아 스페셜리스트가 될 수도 있고 혹은 조직을 총괄하는 관리자가 될 수도 있다. 어떻게 되든 일과 육아 양쪽의 경험을 살려 능력도 향상시킬 것이다.

이처럼 지금의 상황에 숨은 혜택을 찾아내 그것에 감사하고, 스스로 할 수 있는 공헌을 겸허하면서도 성실하게 할 때 최적의 시점에서 다음 단계로 올라갈 수 있는 계단이 나타날 것이다.

사례2. '스테레오타입의 행복'을 내려놓다

한 여성은 어느 날 밤 남편에게 이런 말을 들었다.

"여성 동료가 불임 치료를 받고 마흔 초반에 겨우 출산한 모양이야. 난 오십이 멀지 않았어. 당신도 마흔이고. 아이를 가질 거면 지금이 마지막 기회 아닐까."

"그렇지"라고 대답했지만 그녀의 마음은 복잡했다. 외아들인 남편이 고령의 부모에게 손주를 보여주고 싶어 하는 마음은 이해한다. 하지만 그녀는 왠지 모르게 망설여졌다.

그래도 '출산은 아내의 의무'라고 생각한 그녀는 산부인과에 혼자 찾아가 검사를 받았다. 검사 결과는 '성공률은 높지 않지만 0%는 아니다'. 하지만 치료에 대해 자세히 설명을 듣고 나니 도저히 감당할 자신이 없었다.

"알겠습니다. 다시 연락드릴게요."

과제를 안고 돌아온 그녀는 생각했다. '여성이라면 누구나 아이를 갖고 싶어 할 텐데, 나는 왜 그렇지 않을까?'

사실 그녀는 지난 몇 년간 남편과 헤어지고 싶다는 생각을 몰래 해왔다. 남편의 냉담한 말에 대화 자체가 고통스러웠던 것이다. 삐걱거리는 부부 관계를 어떻게든 유지해보려고 심리학도 공부해왔다.

그 덕분에 그녀는 비로소 자신을 진지하게 마주할 수 있었다.

애당초 자신의 인생은 왜 이렇게 복잡하게 변해버린 걸까.

그러고 보니 진학도, 일도, 결혼도 모두 정말 하고 싶다는 정열은 없었다. 엄격한 부모님에 대한 분노가 늘 마음속에 있었다. 그것들까지 포함해 선택을 잘못해왔던 게 아닐까.

더구나 옛날부터 자기애가 약했고, 남편에게는 애정보다 인정받기를 더 원했다는 생각이 들었다. 정말 남편을 사랑과 존경으로 대한 적이 있을까. 남편의 정신적 괴롭힘은 용서하기 힘들지만 이런 자기중심적인 자신과 20년 이상을 함께해줬다고 생각하자 남편에게 고마운 마음이 솟구쳤다.

이제 '출산해야 한다'는 의무감에 시달리는 것을 그만해도 괜찮지 않을까. 그렇게 생각하자 마음이 편해지고 앞으로는 자기 인생을 함부로 포기하지 말고 살아야겠다는 생각이 들었다.

그 후 부부는 긍정적으로 이혼을 선택했다. 그녀는 태어나 처음으로 자신의 속마음 그대로 일도, 인생도 선택하며 살고 있다.

아이를 정말 원해서 고민하는 부부도 있다.

하지만 그중에는 속마음은 그렇지 않아서 주변 사람들이 강요하는 행복의 형태에 대해 고민하는 사람도 있다.

사람들의 기대나 '반드시 해야 할 일'에 따르려는 마음은 내려놓고, 자기만의 행복의 형태를 찾아 나서도 좋지 않을까.

사례3. '다른 사람의 평가'를 내려놓다

'많은 고객에게 고맙다는 말을 듣고 싶다'는 마음에 몇 년 전에 독립해 창업. 그가 어떻게든 프리랜서로 버텨올 수 있었던 이유는 들어오는 의뢰를 모두 받았기 때문이다.

덕분에 일감의 수는 늘었고 보람도 느꼈다. 그런데 납기일이 빠듯하고, 수고에 비해 보수도 그다지 늘지 않고, 바쁘기만 할 뿐. 몸이 피폐해지고 자주 아파서 이대로 가면 안 된다는 생각이 들었다.

어느 날 그의 능력을 높이 평가하는 기업이 나타나 좋은 조건으로 계약할 수 있었다. 경제적으로도 도움이 되는 데다가 원래 하고 싶었던 일이다. 하지만 부업처럼 할 수 있는 일은 아니다.

지금까지 해온 것처럼 들어오는 의뢰를 모두 맡으면 정말 펑크가 난다. 이미 몸 상태가 상당히 안 좋았던 그는, 일단 원점으로 돌아갔다.

애초에 자신은 왜 독립했던 걸까.

그 이유는 '자신의 지식과 기술로 세상의 문제를 해결하는 것'이었다.

지금까지 단골 거래처가 있었기에 버틸 수 있었지만 그중에는 자신이 맡지 않아도 괜찮은 일이 여럿 있었다. 그래서 단발로 들어오는 의뢰는 '자신만 할 수 있는 일'을 받는다는 제한을 두기로 했다.

하지만 늘 편한 단골 거래처에서만 일이 들어온다는 법은 없다. 그래서 어려움을 자초하는 일이 자주 있었다.

일 년 가까이 시행착오를 반복하면서 언젠가부터 도저히 받고 싶지 않은 일을 계속 거절하는 처지에 놓이고 말았다.

그때 거래처들의 불쾌한 반응을 보고 지금까지 자신이 '원하는 것을 모두 들어주는 편리한 업자' 취급을 받고 있었다는 사실을 깨달았다.

'이제 좋은 사람으로 보이는 건 그만두자. 소모될 뿐이다.'

자영업자라도 일에 있어서 이념은 필요할 수 있다. 앞으로 자신의 가치를 살릴 수 있는 일에 시간과 노력을 투자하고 싶다. 그래서 그는 자신이 정말 하고 싶은 일은 무엇인지, 무엇을 소중히 여기며 일하고 싶은지, 그것을 다시 찾기 시작했다.

타인의 평가만을 신경 쓰면 자신에게 의미 없는 일에 시간과 노력을 쓰게 되는 경우도 있다. 그럴 때 사람은 허무함을 느낀다.

스타트업에서는 평가도 필요하고, 할 수 있는 일은 모두 받아 잘 해내는 것도 중요할 수 있다. 하지만 경험을 쌓아가다 보면 인생은 새로운 단계를 준비해준다. 그때 무엇을 기준으로 판단해갈지가 관건이다.

자, 지금까지 몇 가지 사례를 살펴봤다.

가슴이 뛴다고 해서 그것이 반드시 옳은 마음의 소리라고는 할 수 없으며, 하고 싶다고 생각해도 잘되지 않는 경우도 있다.

우리는 늘 내면에 귀를 기울이고, 마음의 소리를 간파하면서, 사고

방식이나 행동의 궤도를 수정해나가야 한다.

그렇다면 구체적으로 무엇을 해야 좋을까.

그러기 위해서는 자신의 가치관을 명확히 하고, 자신에게 높은 가치관에 힘을 쏟고, 자신에게 낮은 가치관은 과감히 내려놓는 일이 중요해진다.

다음 장에서는 자신의 가치관을 명확히 해 우선 순위를 정하는 활동을 해보자.

자신의 가치관을
명확히 한다

자신에게 중요하다면
강한 의지로 행동할 수 있다

'이 세상에는 의지가 약한 사람과 강한 사람이 있다.'

누구나 상식이라고 생각할 이 말은 새빨간 거짓말이다.

우리는 누구나 자신에게 중요한 일(높은 가치관)을 할 때는 자신이 직접 나서서 행동하고 곤란한 상황에 처해도 끈기 있게 진행한다.

반대로 아무리 의지가 강해 보이는 사람이라도 속으로 아무래도 상관없다고 생각하는 일(낮은 가치관)을 억지로 하려고 하면 꾸물거리느라 좀처럼 진행을 못 하고 진행해도 조금만 곤란한 일이 생기거나 유혹이 있으면 금방 그만둬버린다.

대학생들 중에는 공부에 의욕이 없고 졸업 논문의 집필도 꾸물꾸물

좀처럼 진행하지 못하는 학생들이 있다.

어떤 여학생은 시험이 코앞에 닥치기 전까지 공부하지 않는다. 수업에 지각하는 일도 자주 있다.

그런 그녀는 도쿄 디즈니랜드를 무척 좋아하는, 소위 말하는 디즈니 마니아다. 디즈니랜드에 가기 위해서라면 적극적으로 아르바이트를 한다. 아르바이트하는 곳에서 조금 안 좋은 일이 있어도 끈기 있게 일을 계속하고 돈이 모이면 누가 시키지 않아도 스스로 알아서 디즈니랜드 여행 계획을 세운다. 그리고 디즈니랜드행 야간 버스 출발 시간에는 결코 늦지 않는다.

그녀는 자신에게 가치가 낮은 공부에는 소극적이고 의지가 약하지만 가치가 높은 디즈니랜드에 대해서는 적극적이고 의지가 강했던 것이다.

이런 경향을 보이는 게 그녀만은 아니다.

우리 모두가 그렇다. 자신에게 진심으로 소중한 일에는 앞장서서 열심히 하고 끈기 있게 행동하는 것이다.

반대로 우리는 사람의 평가를 너무 중요시한 나머지 자신을 소홀히 하거나 타인의 가치관에 따르려고 하면 자신이 나태하다고 생각되어 죄책감과 열등감을 느끼게 된다.

이와 관련해 좀 더 자세히 살펴보자.

부모에게 인정받는데
사로잡힌 사람들

상담하면서 느끼는 것은 '부모에게 인정받고 싶다'는 동기를 가진 사람이 상당히 많다는 사실이다. 즉 모든 일을 부모에게 인정받기 위해 하는 것이다.

젊은 사람도 나이 든 사람도, 많은 사람이 그 생각에 사로잡혀 있다.

예를 들면 '가족에게 칭찬받고 싶다' '상사나 부하에게 인정받고 싶어서 열심히 한다'…. 대상은 다르지만 '부모에게 인정받고 싶다'는 생각이 형태를 바꿔 나타나는 경우가 상당히 많다.

하지만 현실에서는 아무리 열심히 노력해도 '대단해' '열심히 했구나'라는 말을 듣는 경우가 별로 없을 것이다.

다른 사람의 평가를 얻기 위해 하는 게 아니라 자신에게 '정말 중요한 일'을 해야 한다. 그때는 다른 사람에게 인정을 받든 인정을 받지 못하든 '정말 중요한 일'이니까 자신이 하고 있는 것 자체에 의미를 느낄 수 있다.

다른 사람에게 인정받는 것을 내려놓자.

'정말 중요한 일'을 하다 보면 다른 사람에게 인정을 받든 받지 못하든 신경 쓰지 않게 된다.

그러기 위해서는 매순간 '나는 무엇을 위해 이 일을 하는가' 깨닫는 게 중요하다.

스스로 정말 하고 싶어서 하는지 누군가에게 인정받고 싶어서 하는지를 명확히 하자. 그것을 깨달아 아는 게 커다란 한 걸음이 된다.

우선시해야 할 것은 '정말 중요한 일'

타인이 어떻게 생각하는지를 기준으로 삼지 말고, 칭찬을 받든 받지 못하든 평가하고는 상관없이, 당신이 정말 하고 싶은 일을 하는 게 당신의 장점을 살려 살아가기 위해 중요하다.

모든 선택을 할 때 중요한 기준은 두 가지가 있다.

첫 번째 기준은 '당신이 정말 원하는 인생을 살기 위해 도움이 되는가 되지 않는가'. 그것을 명확히 하기 위해서는 앞에서 말한 '죽기 전에 하고 싶은 일을 적는 활동'과 '자신에게 조문을 쓰는 활동'이 유익하다(44~45쪽 참조). 당신의 선택지 중에서 그 활동에서 쓴 '인생을 살아가기 위해 가장 도움이 되는 것'을 고를 때마다 당신이 정말 원하는 삶에 가까워진다.

두 번째 기준은 '당신에게 정말 중요한 일인가 아닌가'. 그것을 명확히 하기 위한 활동은 잠시 뒤에 소개하겠다.

정말 중요한 것은 우리 한 사람 한 사람이 가진 '가치관'이다. 내가 이 책에서 말하는 가치관은 세상 사람들이 일반적으로 말하는 '정직' '근면' '배려' 같은 이상론이나 명분이 아니다. 그런 것들이 아니라 각 개인에게 '정말 중요한 것'을 가리킨다.

이 '가치관'은 지문처럼 한 사람 한 사람 모두 다르다. 자기 고유의 가치관을 인정하고, 소중히 여기고, 그것을 우선시하여 충실히 살아갈 때 우리는 자기 내면의 소리를 소중히 여길 수 있다.

당신에게 '정말 중요한 일'을 명확히 하고, 그것을 우선시하며 살아가는 것, 그리고 그 가치관으로 다른 사람에게 도움이 되는 것, 이 두 가지를 실천할 때 인생이 의미 있고 충실하게 변할 것이다. 그리고 그런 자신에게 가치를 느낄 수 있다.

자신에게 높은 가치관을 자기 중심에 두고 중요시하며 살아갈 때 우리는 내면의 목소리에 충실히 살아간다. 그리고 자기답게 살아간다.

또한 자신의 높은 가치관에 만족하며 살아갈 때 인생에 의미를 느낀다. 곤란한 일이 닥쳐도 쉽게 포기하지 않고 성공할 때까지 끈질기게 노력을 계속할 수 있다.

자신의 가치관을 소홀히 하면
살아갈 의미를 잃어버린다

그런데 그와 반대로, 우리는 자신의 가치관을 소홀히 하는 경향이 있다. 그렇게 살아가면 인생의 의미를 느낄 수 없고, 인생이 헛되어 살아갈 의욕도 생기지 않는다.

우리가 자신의 가치관을 소홀히 하는 것은 누군가를 자기보다 위에 두고, 그 사람의 가치관에 맞추려고 하기 때문이다.

예를 들어, 속마음은 가정 혹은 취미에 대한 가치가 크고 일에 대한 가치는 적은 사람이 있다. 그런 사람이 일에 높은 가치를 둔 사람(일을 정말 소중히 여기고 좋아하는 사람)과 자신을 일적인 면에서 비교하면 반드시 자신이 더 열등하다는 결론을 내리게 된다. 그리고 '나는 할 수 없어. 나는 몹쓸 인간이야' '이걸 못하는 나는 가치 없는 인간이야'라고 믿어버린다.

우리가 열등감을 느끼는 이유는 스스로 자신의 가치관을 비하하고 타인의 가치관에 따라 자신을 재단하기 때문이다.

누군가를 자신보다 위에 두고 그 사람의 가치관에 따라 살려고 할수록 삶이 허무해진다. 스트레스도 많아지고, '스트레스 해소'를 위한 일시적인 욕구 충족, 쾌락을 위해 시간이나 돈을 낭비하게 된다.

스트레스 해소나 도피 행동은 일시적인 흥분이나 해방감 등을 느끼게 할 것이다.

하지만 그것만으로는 정말 자신이 무엇을 좋아하는지, 정말 무엇을 원하는지 알 수 없게 된다.

타인의 가치관에 따라 살려고 하다 보면 자신의 본심, 감정, 호불호를 알 수 없게 되는 것이다.

그리고 자신의 가치관을 소홀히 하면 자기 내면의 소리를 들을 수 없게 되고, 열등감마저 생겨난다. 그뿐 아니라 언젠가 자신의 가치관을 강요하는 사람에게 분노마저 느끼게 된다. 누구나 그렇다.

우선은 자기에게
중요한 가치관을 인지한다

'내려놓음'은 자신과 관련된 모든 것을 놓아버리는 게 아니다. 자신에게 무엇이 정말 소중한가를 명확히 하고, 그것을 우선시하며 살아가는 것이다.

이를테면 요즘은 육아보다 일의 우선순위가 높은 여성이 드물지 않다. 어린 자녀를 보육기관에 맡기고 일하는, 경제 활동을 하는 여성도 적지 않다. 육아가 우선순위인 사람은 그것을 '못마땅하다'고 말할 수도 있다. 아이도 외로움을 느낄 수 있다.

하지만 아이가 외로움을 느끼기 때문에 다른 원아나 보육 교사들과의 관계성이 생겨 사회성이 증가하거나 스스로 외로움 혹은 지루함을 극복하기 위해 즐거움을 찾아낼 수 있다. 반대로 엄마에게 육아가 가장 중요한 가치관이라면 아이는 의존적인 성향을 띨 수 있다.

그러므로 자녀를 둔 여성이 일을 우선순위에 둔다고 해서 나쁜 엄마라고는 할 수 없는 것이다.

일이 자신에게 정말 소중한 사람도 있고, 가족이나 육아가 정말 소중한 사람도 있다. 돈벌이나 이성과의 교제가 소중한 사람도 있을 테고, 내면 학습 혹은 여행이나 취미가 중요한 사람도 있을 것이다. 가치관은 사람마다 다르다.

'가치관=자신에게 중요한 것'을 알고 그것을 스스로 인지하며 소중히 여기는 일이 필요하다.

그리고 무언가에게서 도망칠 때 느끼는 두근거림이 아니라 긍정적인 마음에서 오는 두근거림을 선택해야 한다.

그때 비로소 인생에 의미도 목적도 느낄 수 있고 활기차게 살아갈 수 있다.

우리는 '언젠가 죽을 운명'을 살고 있다. 한정된 인생을 살면서 일에서도 사생활에서도 진심으로 무언가를 하려면 자신에게 '정말 중요한 것'을 선택하고 우선시하는 게 상당히 중요하다. 그 밖의 것은 내려놓으면 된다. 다시 말해 포기하는 것이다.

나는 무엇을 선택할지 내려놓을지 결정할 때, 나에게 '정말 중요한 것'에 도움이 되는지 되지 않는지를 기준으로 한다.

예를 들면 나는 대학 교수직을 그만두고 카운슬러로 독립했다.

그 결단을 내릴 때 내 인생에서 가장 하고 싶은 일은 '전 세계 수많은 사람이 충실하고 행복하게 살아갈 수 있도록 돕는 일'임을 새삼 깨달았다.

그리고 '정말 소중한 것'에 최선의 선택은 무엇인지, 그 기준을 중심에 두었다.

그렇게 지위와 명예, 안정된 수입을 포기하고 상담을 마음껏 할 수 있는 자영업을 선택한 것이다.

당신에게 '정말 중요한 것'을 찾아내자

'내려놓음'은 모든 것을 명확히 한다는 의미다. 그러기 위해 필요한 것은 자신에게 '정말 중요한 것'이 무엇인지를 아는 일이다. 그리고 그것에 가장 도움이 되는 선택을 하는 것이다.

무엇을 선택하고 무엇을 내려놓을 것인가. 그것을 결정하기 위한 중요한 관점 중 하나가 자신의 높은 가치관에 도움이 되는 일을 우선시하는 것이다.

그를 위해 반드시 도전해봤으면 하는 게 존 F. 디마티니 박사의 '디마티니 밸류 팩터®'다.

디마티니 박사는 세계적으로 유명한 인간행동학의 일인자이며, 그가 개발한 메소드 중 하나가 '디마티니 밸류 팩터®'다. 이 활동에 의해 당신의 가치관이 명확해질 것이다.

이제부터 '디마티니 밸류 팩터®'를 소개하겠다.

*
**

당신이 정말 무엇에 가치를 두는지는 당신의 생활에서 나타난다.

'디마티니 밸류 팩터®'는 열세 개 질문으로 구성되어 있으며, 각 질문마다 답을 세 개씩 써야 한다.

우선은 이 부분에 대해 설명하겠다.

답을 쓸 때는 해설 다음에 있는 '당신 인생의 최우선 가치를 찾아내는 디마티니 밸류 팩터® 시트'를 참고하기 바란다.

아울러 답을 세 개씩 쓸 때 '이렇게 해야 한다' '이랬으면 좋겠다' 하는 바람과 이상을 적어서는 안 된다. 당신의 행동과 생활이 실제로 어떠한지 솔직하게 돌아보고 답하자.

답은 한두 마디의 짧은 형식으로, 반드시 질문마다 세 개씩 적는다.

그럼 이제 '디마티니 밸류 팩터®' 열세 개 질문을 알기 쉽게 풀어 설명하겠다.

디마티니 밸류 팩터®를 해설하다

(질문1. 당신의 공간을 가장 많이 차지하는 물건은 무엇인가?)

우리는 자신에게 소중한 물건은 눈에 쉽게 띄는 곳에 놓아두고 소중하지 않은 물건은 서랍이나 선반 깊숙한 곳에 넣어둔다.

당신이 시간을 가장 많이 보내고, 비교적 자유롭게 물건을 놓아두는 장소를 한 곳 선택하자. 당신의 방, 직장의 책상, 거실, 차 안 등. 그 장소에서 공간을 차지하는 비중이 높은 세 가지 물건은 무엇인가? 그곳에 늘 놓아두는 물건을 선택하기 바란다.

〔예〕 반려동물 사진, 아이 사진, 골프 도구나 잡지,

양복, 화장 도구 등.

만약 책이 상위 세 가지 물건에 포함된다면 주로 어떤 분야의 책인지 하나만 골라 괄호 안에 적어보자.

〔예〕 책(비즈니스), 책(심리), 책(여행) 등.

또 컴퓨터나 태블릿 컴퓨터가 상위 세 가지 물건에 포함된다면 그

것을 사용하는 주요 목적 하나만 골라 괄호 안에 적어보자.

　　〔예〕 컴퓨터(주식 매매), 컴퓨터(친구들과 연락) 등.

　　아울러 정보 수집이나 인터넷 검색이 가장 큰 목적일 경우는 실제 어떤 정보를 수집하고 무엇을 가장 많이 검색하는지 하나만 적어보자.

　　〔예〕 태블릿 컴퓨터(자기계발에 대한 정보),

　　　　태블릿 컴퓨터(레스토랑 정보) 등.

　　만약 당신이 스마트폰을 꼭 가지고 다닌다면 그것은 당신에게 중요한 물건일 테니 스마트폰을 상위 세 가지 물건 중 하나로 적는 것을 고려하기 바란다. 그럴 경우 스마트폰을 사용하는 주요 목적 하나만 괄호 안에 적어보자.

　　〔예〕 스마트폰(업무 관련 문자), 스마트폰(친구들과 연락),

　　　　스마트폰(자녀와 소통) 등.

(질문2. 당신은 무엇에 시간을 가장 많이 소비하는가?)

우리는 자신에게 중요한 일에 시간을 쓰고 그렇지 않은 일은 나중으로 미룬다.

당신이 눈을 뜨고 깨어 있는 동안 시간을 많이 쓰는 일 상위 세 가지를 적어보자.

예를 들면 나는 카운슬링 실천, 강연에서 가르치는 일, 집필에 시간을 많이 쓰고, 그 일들은 나에게 중요하다. 하지만 자동차 운전, 텔레비전이나 잡지를 보는 일에는 거의 시간을 쓰지 않는다. 그것들은 나의 가치의 우선순위에서 아래쪽에 자리하고 있기 때문이다.

당신이 하루 종일 일을 한다면 일에 많은 시간을 쓰고 있는 것이다. 그럴 경우에는 당신이 일을 하는 주요 목적 하나만, 한마디로, 괄호 안에 적어보자.

이를테면 일을 하는 주요 목적이 가족을 부양하는 것이라면 '일(가족을 위해)'이라고 적으면 된다. 만일 다른 사람의 마음을 치유하는 게 당신 일의 가장 중요한 목적이라면 '일(타인의 마음을 치유하기 위해)'이 될 것이다.

컴퓨터나 독서 등에 시간을 많이 쓰는 경우도 그 주요 목적 하나를 괄호 안에 적어보자.

〔예〕 컴퓨터(주식 매매), 책(심리학 공부) 등.

(질문3. 가장 힘이 나고 집중하게 되는 일은 무엇인가?)

우리는 자신에게 중요한 일, 좋아하는 일을 할 때 건강해지고, 집중하고, 시간을 잊어버릴 만큼 몰입한다. 당신이 하는 일 중 정열을 느끼는 일, 생기 넘치게 하는 일, 가슴을 뛰게 하는 일, 푹 빠져드는 일 상위 세 가지를 꼽아보자.

(질문4. 당신은 무엇에 돈을 가장 많이 쓰는가?)

우리는 자신에게 정말 중요한 일에 돈을 쓰고 중요하지 않은 일에 쓸 돈은 어디 있는지 모른다. 설령 부유하지 않더라도 자신에게 정말 중요한 일에는 어떻게든 돈을 융통하는 것이다.

당신이 돈을 많이 쓰는 일 상위 세 가지를 적어보자. 예를 들면 업무 지식을 얻기 위한 책이나 교재 구입, 자산을 증식하는 방법에 대한 공부, 저축, 자녀 교육, 심리학 공부, 패션 등.

또한 만일 집 월세가 상위 세 가지에 포함된다면 당신은 무엇을 위해 스스로 월세를 지불하는 생활을 선택했는지 그 이유도 적어보자. 우리는 집 월세 지불에 대한 가치가 정말 낮을 경우 부모와 함께 살며 월세를 아끼거나 조금 불편하더라도 월세가 저렴한 지역에서 사는 등 비용을 최소화하는 방법을 택할 것이다. 당신이 수입의 대부분을 월세에 사용하는 목적 하나를 한마디로 적어보자.

〔예〕 집 월세(일을 위해), 집 월세(자립을 위해),

집 월세(친구들과 교제를 위해) 등.

(질문5. 무엇에 관한 것이 가장 잘 정리되어 있는가?)

우리는 자신에게 가치가 높은 중요한 것은 잘 정리한다. 그래서 그와 관련된 것을 찾을 때도 쉽게 발견할 수 있다. 하지만 가치가 낮은, 중요하지 않은 것은 이리저리 어질러놓고 방치해둔다. 그러므로 정리를 잘하는 것 상위 세 가지를 적어보자.

〔예〕 심리학 관련 책은 책장 어디에 있는지 바로 안다,

컴퓨터에 업무 자료가 잘 정리되어 있다,

스마트폰 연락처에 친구 정보가 잘 정리되어 있다,

입고 싶은 옷은 바로 꺼내 입을 수 있다,

다이어트나 운동 방법은 확실히 정해놓는다 등.

만일 이것들이 책이나 컴퓨터일 경우에는 그것의 주요한 목적 하나만 적어보자.

〔예〕 책(심리학 공부), 컴퓨터(업무 관련 정보) 등.

(질문6. 가장 솔선수범해 처리하는 일은 무엇인가?)

우리는 자신에게 중요한 일은 다른 사람이 말하지 않아도 알아서 먼저 한다.

예를 들면 공부는 꾸물거리며 좀처럼 하지 않는데, 게임이라면 누구보다 먼저 하는 아이가 있다. 그 아이에게 공부는 가치가 낮은 일이고, 게임은 가치가 높은 일이기 때문이다.

이처럼 당신이 타인의 지도나 강제가 없어도 솔선수범해 처리하는 일은 무엇인가? 다른 사람이 시키지 않아도 스스로 그것을 위해 시간을 내고 실제로 재빨리 처리하는 일 세 가지를 간단히 적어보자. 결코 '해야 한다'라고 생각하는 일을 적어서는 안 된다. 자신에게 솔직하게 답하자.

〔예〕 친구와 즐거운 시간을 보내는 일,

저축이나 투자 등 돈을 불리는 일,

일과 관련한 지식을 배우는 일, 출세를 위해 일찍 출근하는 일,

원예, 가족을 위한 요리, 심리학 공부,

타인의 마음을 지탱하는 일 등.

(질문7. 무엇에 대해 가장 많이 생각하는가?)

당신이 주의를 기울여 자주 하는 생각 상위 세 가지는 무엇인가?

일시적으로 잠깐 생각하거나 한눈파는 일이 아닌 실제로 당신이 주의를 기울여 많이 생각하는 것을 적어보자.

〔예〕일과 관련한 지식, 섹스, 돈, 연인 혹은 배우자에 대한 것,

자녀에 대한 것 등.

다만 환상이나 비현실적인 기대, 실현될 수 없는 헛된 공상을 적어서는 안 된다. 당신이 자주 생각하면서 실현하고 있는지, 혹은 실현하기 위해 실제로 진척을 보이는 것만을 적어야 한다.

예를 들어 '연애'라고 답한 경우, '연인이 필요하다'라고 생각하지만 3년간 연인이 없었고, 지금도 새로운 연애를 시작할 조짐이 없다면 진심으로 연인을 찾는 게 아니므로 적어서는 안 된다.

또한 '나는 몹쓸 인간이야'처럼 자기를 비하하는 생각이나 끙끙대며 고민하는 일이나 타인을 향한 악감정을 써서는 안 된다.

인생에서 무엇을 원하는지, 무엇을 하고 싶은지, 어떻게 되고 싶은지 당신이 자주 하는 생각 상위 세 가지를 적어보자.

(질문8. 머릿속에 자주 떠올리는 영상은 무엇인가?)

당신은 무엇에 대해 자주 상상하는가? 인생에 있어 '이렇게 되고 싶다' '이것을 하고 싶다'라고 상상하는 일이나 당신이 자주 그리는 인생 꿈은 무엇인가? 당신이 머릿속에서 자주 그리는 이미지 또는 영상 세 가지를 꼽아보자.

단, 상상하면서 이미 실현하고 있거나 아니면 실제로 현실화하고 있는 것을 적기 바란다.

예를 들면 미래에 있을 당신의 결혼식을 자주 상상한다고 해도 실제로 결혼에 대한 아무 진전이 없다면 그것은 환상이나 백일몽, 비현실적인 기대이니 적어서는 안 된다.

(질문9. 자기 자신에게 자주 하는 말은 무엇인가?)

인생에서 무엇을 갖고 싶은지, 자신이 무엇이 되고 싶은지, 어떤 인생을 살고 싶은지에 대해 자문자답하거나 혼잣말하는 것 상위 세 가지를 적어보자.

단, '나는 몹쓸 인간이야' '저 녀석은 나쁜 놈이야' 등과 같이, 자신이나 타인을 비하하는 생각을 적어서는 안 된다. 또한 '저렇게 해야 해' '이렇게 해야 해' '이래서는 안 돼'처럼 자기 자신에게 강요하거나 질책하는 말도 적어서는 안 된다.

당신이 원하는 것, 하고 싶은 것, 되고 싶은 것에 흥미와 관심을 가지고 자주 생각하는 것 상위 세 가지를 적어보자.

또한 이미 실현했거나 혹은 실제로 실현하기 위해 진행하고 있는 것을 적자. 실현될 수 없는 헛된 환상이나 공상, 비현실적 기대는 적으면 안 된다.

(질문10. 무엇에 대해 타인과 가장 자주 이야기하는가?)

우리는 자신이 흥미를 가지는 것에 대해서는 이야기도 잘하고, 그것에 대해 수다를 떨 때 생기발랄하다. 하지만 흥미 없는 것에 대해 이야기하기 시작하면 대화가 줄어들거나 그냥 묵묵히 듣고 자신이 먼저 나서서 이야기하지 않게 된다. 그리고 대화가 그다지 즐겁지 않아 빨리 끝나기를 바라는 경우도 많다.

당신이 먼저 꺼내는 화제, 대화를 하며 즐거움이나 의미를 느끼는 주제 상위 세 가지를 꼽아보자.

(질문11. 당신이 가장 감동하고 마음이 움직이는 것은 무엇인가?)

우리는 자신에게 중요한 것에 대해 '훌륭하다'고 감격하거나 가슴이 뛰거나 감동하거나 한다. 당신은 무엇에 가슴이 두근거리고 감동하거나 감격하는가? 상위 세 가지를 적어보자.

〔예〕 일, 돈, 자녀의 성장, 심리학 공부 등.

존경하는 인물에 특히 감동하거나, 자신도 그렇게 되고 싶다고 생각할 수 있다. 그럴 경우 그 사람의 무엇에 당신의 마음이 움직이는가? 당신이 가장 감동하는 그 사람의 자질을 한마디로 정리해보자. 그 사람이 부모로서 헌신적으로 육아를 하고 있는가? 만일 그렇다면 '육아'가 될 수 있다. 또는 그 사람이 일에서 성공한 부분에 마음이 가장 끌렸다면 '일의 성공'이 된다.

(질문12. 당신은 무엇에 대해 장기적인 목표를 가지고 노력을 오래 기울이는가?)

우리는 자신에게 정말 중요한 일은 곤란에 부딪쳐도 포기하지 않고 실현할 때까지 계속 노력한다.

당신이 인생에서 가져온 목표 중 상위 세 가지는 무엇인가? 장기 목표를 가장 많이 세운 것은 무엇인가? 또는 오랫동안 노력을 지속하고 있는 것은 무엇인가?

〔예〕 일의 성공, 재산 축적, 마음에 대한 공부,

친구와 사이좋게 지내는 것 등.

단, 이미 실현한 적이 있거나 혹은 실제로 현실화하고 있는 것을 꼽아보자. 비현실적인 기대나 환상, '해야 할 일'은 적지 않는다.

(질문13. 무엇에 대해 솔선수범해 배우고 정보를 얻으려
고하는가?)

우리는 자신에게 중요한 것에 대해서는 솔선수범해 지식을 익히거나
정보를 찾거나 배우거나 읽는다.

당신은 인터넷으로 무엇을 자주 검색하는가? 어떤 책, 신문, 잡지 기
사를 자주 보는가? 텔레비전을 볼 때는 특히 어떤 주제에 관심을 기울
이는가? 서점에서는 어떤 코너에 자주 가는가? 솔선수범해 공부하거
나 조사하거나 학교에 다니거나 공부하는 것은 무엇인가? 상위 세 가지
를 꼽아보자.

이상으로 당신의 가치관을 명확히 하기 위한 열세 가지 질문을 알
기 쉽게 풀어 설명했다.

그럼 다음 단계에 따라 당신 스스로 열세 가지 질문에 답을 하기 바
란다.

당신 인생의 최우선 가치를 찾아내는
디마티니 밸류 팩터® 시트

스텝1

질문마다 답변을 세 가지씩 적어보자. '해야 할 일'이나 희망이 아닌, 당신이 실제로 어떠한지를 살펴보며 답변하기 바란다. 반드시 세 가지씩 적어야 한다.

(질문1. 당신의 공간을 가장 많이 차지하는 물건은 무엇인가?)

_____

_____

_____

(질문2. 당신은 무엇에 시간을 가장 많이 소비하는가?)

_____

_____

_____

(질문3. 가장 힘이 나고 집중하게 되는 일은 무엇인가?)

_____

_____

_____

(질문4. 당신은 무엇에 돈을 가장 많이 쓰는가?)

_____

_____

_____

(질문5. 무엇에 관한 것이 가장 잘 정리되어 있는가?)

_____

_____

_____

(질문6. 가장 솔선수범해 처리하는 일은 무엇인가?)

_____

_____

_____

(질문7. 무엇에 대해 가장 많이 생각하는가?)

_____

_____

_____

(질문8. 머릿속에 자주 떠올리는 영상은 무엇인가?)

_____

_____

_____

(질문9. 자기 자신에게 자주 하는 말은 무엇인가?)

_____

_____

_____

(질문10. 무엇에 대해 타인과 가장 자주 이야기하는가?)

_____

_____

_____

(질문11. 당신이 가장 감동하고 마음이 움직이는 것은 무엇인가?)

_____

_____

_____

(질문12. 당신은 무엇에 대해 장기적인 목표를 가지고 노력을 오래 기울이는가?)

_____

_____

_____

(질문13. 무엇에 대해 솔선수범해 배우고 정보를 얻으려고 하는가?)

_____

_____

_____

스텝1에서 쓴 답변 39개 중 내용이 비슷한 답변들을 한 그룹으로 묶어
보자.

예를 들면 첫 번째 질문 '당신의 공간을 가장 많이 차지하는 물건은
무엇인가?'에 '책(심리학)'이라고 쓰고, 네 번째 질문 '당신은 무엇에 돈
을 가장 많이 쓰는가?'에 '심리학 관련 세미나'라고 적었다면 '심리학 공
부'라는 이름의 그룹을 만들고 그 안에 두 답변을 넣을 수 있다.

그룹을 만들 때 공통되는 내용은 당신 스스로 생각하자. 또한 각 그
룹에 들어가는 답변 수를 괄호 안에 적는다.

그리고 괄호 안의 답변 수가 많은 순서대로 다섯 그룹을 다음과 같이
적기 바란다. 그것이 당신이 가치를 높이 두고 있는 상위 다섯 가지다.

〔예〕 책(심리학), 심리학 관련 세미나, 세션, 최신 세러피 정보 →

① 심리학 공부(4개)

〔예〕 아이와 가는 여행, 자녀 교육비, 육아 과제 → ② 육아(3개)

① _____ (　 개)
_____

② _____ (　 개)
_____

③ (개)

④ (개)

⑤ (개)

스텝3

스텝2에서 꼽은 다섯 그룹 가운데 ①과 ②를 비교해보자.

어느 한쪽에 우선순위를 두어야 하는 상황이 생긴다면 당신은 실제로 ①을 최우선순위에 두는 경우가 많은가? 다시 한 번 숙고해보기 바란다.

①의 사항을 우선시하는 경우가 많다면 그대로 둬도 상관없지만 만일 ②의 사항을 우선시하는 경우가 실제로 많다면 ①과 ②의 순위를 바꿔야 한다. 마찬가지로 ②와 ③을 비교했을 때 우선시하는 경우가 많은 쪽을 위로 올려야 한다. ③과 ④, ④와 ⑤도 마찬가지다.

또한 당신의 가치관을 바르게 적어냈을 때 그룹을 다섯 가지도 만들지 못하고 세 가지나 네 가지밖에 만들지 못할 수 있다. 그래도 괜찮다.

①부터 ⑤까지 비교해 최종 순위를 결정했다면, 다시 써보자.

①   (개)
_____

②   (개)
_____

③   (개)
_____

④ 　　　　　　　　　　　　　　　　　　　　　　（　개　）
_____

⑤ 　　　　　　　　　　　　　　　　　　　　　　（　개　）
_____

　　스텝3까지 완료했다면 당신이 가치를 높이 두는 일이 무엇인지 명확해질 것이다.

　　가치관을 바르게 도출하면 '이게 정말 나다'라고 생각할 것이다. 당신은 그 가치관을 중심으로 인생을 살아가야 한다.

그룹 나누기를 할 때 주의할 점

그룹 이름은 짧고 구체적인 것으로 정해야 한다. 몇 가지 예를 들어
보자.

육아, 가정, 요리, 외적 아름다움, 건강, 여행, 체력 단련, 친구와의 교
제, 주짓수, 골프, 만화, 노래 부르는 일, 가르치는 일, 돈(또는 자산 축
적, 경제적 자유), 회사 업무, 점술, 영적 진리를 배우는 일, 심리학 공부,
내적 성장, 자기 결정, 실제 감각을 통해 배우는 일, 새로운 세계를 보는
일, 타인이 지금까지 하지 못했던 일을 할 수 있도록 돕는 일, 다른 사람
이 행복한 삶을 살 수 있게 돕는 일.

1. 목적을 생각한다

애초에 무엇을 위해 그 활동을 하고 있는지 명확히 하면 올바른 가치관을 찾아낼 수 있다.

예를 들면 나는 '디마티니 밸류 팩터®'를 처음 했을 무렵 '카운슬링' '집필' '강연·세미나'라는 세 가지 그룹을 만들었다. 그리고 각각의 그룹에 네다섯 가지 답변을 적었다. 하지만 무언가 개운치 않았다.

그래서 이 활동을 몇 번이고 반복했더니 어느 순간 '사람들이 보다 나은 인생을 살아가도록 돕기 위해 나는 카운슬링, 집필, 강연·세미나를 하고 있다'는 사실을 깨달았다. 그래서 이번에 '타인의 인생을 돕는다'라는 그룹을 만들자 많은 답변이 거기에 포함되었다.

이처럼 당신이 일을 하는 주요 목적 중 하나를 괄호 안에 적어보자. 이를테면 다음과 같이. 일(가족을 위해), 일(경제적 자유를 얻기 위해), 일(타인과의 교류)….

2. 그룹명을 즐거운 일, 취미, 놀이 등으로 지은 경우

만일 당신이 만든 그룹명이 '즐거운 일' '취미' '놀이'등과 같이 너무 상징적인 경우는 보다 구체적인 이름을 만들도록 다시 생각해보자.

우리는 자신에게 정말 중요한 일을 할 때(자신의 높은 가치관을 충족시키는 활동을 할 때), 그 시간을 충실하고 의미 있게 느끼며 즐거워한다.

'즐거운 일'이라고 썼다면, 당신은 특히 무엇을 할 때 충실하고 의미 있으며 즐거움을 느끼는가? 예를 들면 '아웃도어' '술'이라고 그룹명을 만드는 게 적절할 수 있다. 또한 그 활동 자체를 좋아하기보다 가족이나 친구와 시끌벅적 지내는 것을 더 좋아할 수도 있다. 만약 그렇다면 '가족과의 시간' 또는 '친구와 신나게 노는 일' 같은 그룹명이 적절할 수도 있다.

또 '취미' '놀이'라는 그룹명을 지었다면 어떤 취미인지, 어떤 놀이인지 특정해 다시 그룹을 만들자. '만화' '여행' '자전거 여행' '낚시'등이 적절한 그룹명이 될 수 있다.

3. 그룹명을 성장 등으로 지은 경우

인간은 누구나 자신이 가치를 높이 두는 것을 성장시키고 싶어 한다. 그러므로 만약 당신이 '성장'이라는 그룹을 만들었다면 그것에 대해 보다 구체적으로 생각하고 그룹명을 다시 만들어보자.

'성장'이란 당신에게 구체적으로 무엇을 가리키는가? 또는 '성장'하면 무엇을 할 수 있게 된다고 생각하는가?

예를 들어 성장하는 것이 당신이 경영하는 회사의 성공으로 이어진다면 '회사 경영'이라는 그룹명이 더 적합할 것이다.

또한 성장하면 지금까지 몰랐던 것을 알 수 있게 되니 그것만으로도 가치 있다고 생각한다면 당신의 높은 가치는 '배우는 일' 또는 '새로운 것을 아는 일'일 수 있다.

혹은 무언가 특정 분야에서 성장하는 게 당신에게 특히 중요할 수도 있다. 그럴 경우에는 '심리적 성장' '내적 성장'처럼 어떤 성장인지 구체적으로 그룹명을 만들어보자.

성장을 위해 하는 일 자체가 당신에게 높은 가치일 수 있다. 그것이 무술이라면 당신의 높은 가치는 무술인 것이다. 마찬가지로 음악, 심리학 공부 등 당신이 성장하기 위해 하는 구체적인 일이 하나의 그룹명이 될 수 있을지 검토해보자.

4. 그룹명을 휴식 등의 의미로 지은 경우

'휴식' '잠자기' '게으름 피우기'는 최고의 가치가 될 수 없다. 우리가 쉬거나 잠자는 행위는 그것이 활동을 위해 필요하기 때문이다. 쉬기 위해, 잠자기 위해 사는 사람은 없다.

만일 당신의 답변 중 '휴식'이나 '잠자기' 또는 '게으름 피우기' 같은 내용이 있다면 당신이 무엇을 위해 쉬거나 자거나 게으름을 피우려고 하는지 그 가장 큰 목적을 적어야 한다.

예를 들면, 당신에게는 건강이 중요한 이슈여서 푹 쉬어야 하는 것일 수도 있다. 만일 그렇다면 '건강'이라는 그룹을 만들고, 거기에 해당하는 답을 더 찾아보자. 또는 돈을 버는 것 자체가 기쁨이고, 휴식의 첫 번째 목적이 돈을 버는 데 필요한 에너지 충전이라면 '돈'이라는 그룹을 만들 수 있을 것이다. 또한 사람에 따라서는 '기쁨이라는 감각의 추구'가 높은 가치여서 기분 좋게 침대에 눕는 게 첫 번째 목적이 될 수 있다. 만약 당신이 적은 다른 답변 중에 기쁨이라는 감각을 다양하게 추구하기 위한 행동이 있다면 그것들을 '기쁨이라는 감각의 추구'라는 그룹에 넣도록 하자.

만일 '게으름 피우기'나 '나태' 또는 '휴식'이라고 적었다면 당신이 '게으름'을 피울 때 하는 일이 당신에게 특히 가치가 높은 일일지도 모른다. 만화를 본다, 게임을 한다, 스포츠 중계를 본다 등등의 경우는 '만화' '게임' '스포츠 관람'이라는 그룹을 만들어도 될 것이다. 당신의 실제 행동을 바탕으로 적어보자.

'정말 중요한 것'은 변한다

거듭 말하지만 당신의 높은 가치관을 바르게 도출해낼 수 있다면 '맞아. 정말 이게 나야'라고 생각할 것이다. 당신은 그것을 중심으로 인생을 살아가야 한다. 앞으로는 더욱 그것을 생활의 중심에 놓고, 그것에 매진하며 살아가야 한다. 그리고 당신의 높은 가치관을 통해 타인에게 도움이 되는 방법을 찾아보도록 하자.

높은 가치관이 변화하는 일은 자주 있다. 특히 인생에서 큰 변화가 일어나면 순식간에 변하는 경우도 적지 않다.

결혼이나 출산, 이별, 이직 등도 그렇지만 재해도 상당히 중요한 계기가 된다. 이를테면 큰 지진을 계기로 일보다는 가족이나 사람과의 관계를 소중히 여기게 된 사람도 많을 것이다. 이것도 가치관이 변한 사례 중 하나다.

가능한 한 계절이 바뀔 때마다 '디마티니 밸류 팩터®'로 자신과 마주할 시간을 가지길 권한다. 한 시간이면 충분하니 연말연시, 하지나 동지, 춘분이나 추분 때 좋아하는 카페에 앉아서 하면 정말 좋을 것이다.

그리고 다음으로 해야 할 일은 **당신에게 중요한 것을 우선적으로 스케줄에 넣는** 일이다. 타인에게 중요한 일이나 타인의 기대에 따르는 일들로 당신의 스케줄을 채우지 않도록 하자.

그것이 당신 자신을 소중히 대하는 방법이다. 그리고 **당신이 자신을 소중히 여기며 자신의 높은 가치관을 우선시하며 살아갈 때 타인에게도 최선의 공헌을 할 수 있다.**

복권으로 일확천금하는 것보다
행복한 일

어떤 심리학자들이 복권으로 거금을 챙긴 사람들을 추적 조사했다. 그 사람들은 거금을 손에 넣은 직후에는 행복 지수가 상승했지만, 그것도 곧바로 원래대로 돌아와 일 년 후에는 다른 사람들과 다름없는 수준이 되었다고 한다.[xiv]

마찬가지로 실연, 입시 성공과 실패, 승진 여부, 결혼과 이혼, 이직으로 기분이 고양되거나 동요하더라도 시간이 지나면 행복 지수는 본인의 평소 수준으로 돌아오는 것이다.

또한 여러 연구에 따르면 연봉도 외모도 행복 지수와 아무런 관계가 없다는 결과가 나왔다.

다시 말해, 일시적으로 행복을 추구하기보다 의미, 목적, 보람을 가지고 살아가는 사람이 인생을 가치 있다고 느끼는 것이다.

실제로 많은 심리학 연구 결과가 돈이나 명예보다 인간적 성장이나 타인을 소중히 여기는 것이 행복 지수나 인생 만족도로 연결된다고 말한다.[xv]

일시적인 행복이나 쾌락을 추구하기보다 인생의 목적을 위해 살아가자. 누구나 '자신이 태어난 목적, 살아가는 목적을 이루며 의미 있는 충실한 인생을 살고 싶다'고 간절히 원하기 때문이다.

그때 정말 중요한 것이 있다.

당신의 우선순위 가치에 따라 사는 것. 그리고 당신이 높은 가치를 둔 사항으로 누군가에게 도움이 되는 것. 그것을 찾도록 하자.

그리고 그것을 감사의 마음으로 적극적으로 실행하는 것이다.

예를 들면 만일 당신의 높은 가치관 중 하나가 만화라면, 당신이 만화에서 배운 것을 다른 사람에게 가르쳐주면 어떨까? 만화를 그리며 다른 사람에게 즐거움을 주어도 좋고, 재미있는 만화를 다른 사람에게 추천해줄 수도 있다.

요리에 높은 가치를 느낀다면 요리를 만들어 다른 사람에게 기쁨을 줄 수도 있다.

우리 인생은 자기 자신의 가치관에 의해 이루어져 있다.

가치관은 매우 중요하다. 그러므로 디마니티 박사의 저서를 자세히 참고한다면 상당히 도움이 될 것이다.

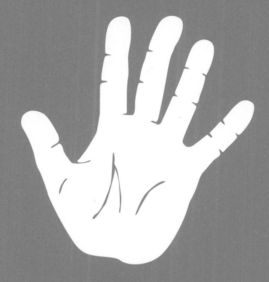

풍요로운 인생을 위해
무엇을 내려놓아야 할까

자신이 하지 않아도 되는 일은
과감히 내려놓자

지금 당신의 인생은 당신이 지금까지 무언가를 내려놓고 무언가를 선택해온, 그 선택의 결과다. 이번 장에서는 당신이 앞으로의 삶을 보다 충실하고 의미 있게 만들기 위해 중요한 일을 이야기하겠다.

충실한 인생을 살고, 나아가 당신이 가치 있는 인간이라고 느끼기 위해 중요한 일이 두 가지 있다.

첫 번째는 앞에서도 언급했듯이 자신에게 '가치가 높은 것 = 정말 중요한 것'을 생활의 중심에 두고 그것에 매진하는 일.

두 번째는 '정말 소중한 것'을 통해 다른 사람을 돕는 일.

이 두 가지를 실천함으로써 인간은 좋은 감정을 느낄 수 있다. 애초에 인간은 기분이 좋지 않으면 하지 않는 법이다.

지금부터는 자신에게 '정말 중요한 것'을 생활의 중심에 두고 그것에 매진하는 일에 대해 자세히 생각해보자.

충실한 인생을 살기 위해 중요한 것은 일상생활에서 가능한 한 자신에게 정말 중요한 것을 중심에 두고 그 밖의 것들은 가급적 줄이는 일이다.

이를테면 큰 성공을 거둔 어떤 경영자는 패션에 대해서는 가치 기준이 낮기에 입는 옷을 고르는 일이 시간 낭비일 수밖에 없다. 그래서 비슷한 디자인의 옷을 사두고 그 옷들을 입는다. 그럼으로써 옷을 고르는, 그에게 있어 쓸데없는 일에 노력과 시간을 아끼는 것이다.

그와 같이 당신에게 정말 중요하지 않은 일(가치가 낮은 것)이며 하지 않아도 되는 일은 무엇일까? 그것을 내려놓자.

그리고 지금까지 당신의 상식에 집착하지 말고 그것을 과감히 내려놓도록 하자.

하지만 정말 중요하지 않지만 반드시 해야 할 활동도 있다. 그 일들은 돈을 지불하더라도 타인에게 맡기고 당신은 '정말 중요한 것'에 집중해, 그것을 통해 돈을 벌어들일 수 있다.

예를 들면 나에게는 '카운슬링' '세미나에서 가르치는 일' '집필'이

특히 가치가 높은 일이다. 그 외에 일은 비서를 고용해 가급적 비서에게 처리를 맡긴다. 이를테면 세미나 신청자를 상대하는 일, 수강생 명단 작성, 세미나 참가비 지불 확인과 지불 독촉 같은 일 말이다.

비서를 고용하면 비용이 발생하지만 내가 하고 싶지 않은 일을 비서에게 맡김으로써 시간을 벌 수 있다. 그 시간을 '카운슬링' '세미나에서 가르치는 일' '집필'에 사용해 이익을 올리고 있다. 그 편이 나 자신을 좀 더 살리고, 이 세상에 공헌할 수 있다.

'정말 중요하지 않은 일'에서
의미를 발견한다

이렇게 말해도, 정말 중요하지 않은 일을 자신이 직접 해야 할 때도 있다.

그럴 경우에 좋은 방법이 있다.

그 자체는 '정말 중요한 일'이 아닐지라도 그 일을 하는 게 당신의 '정말 중요한 일'에 도움이 된다는 사실을 확실히 깨달아 알고 있다면 의욕적으로 해낼 수 있다.

예를 들면, 콜센터에서 고객의 전화를 응대하는 일을 하는 여성이 있다. 그 여성은 일에 대한 의욕이 없다.

그녀에게 '정말 중요한 일'은 육아다. 한편 콜센터 일은 좋아하는 일이 아니어서, 그 일 자체는 그녀에게 가치가 없다.

하지만 그 업무가 '정말 중요한 일'인 육아에 구체적으로 어떤 도움이 되는지 알면, 콜센터 일에서 의미를 찾고 더 몰두할 수 있게 된다.

우리는 어떤 일을 하든 자신에게 특히 가치가 높은 일에 도움이 될 수 있다.

그럼 그 여성의 경우, 콜센터의 구체적인 업무가 육아에 어떤 도움이 될 수 있을까?

콜센터 업무는 고객의 알아듣기 어려운 이야기를 듣고 고객이 무슨 말을 하고 싶은지, 무엇을 원하는지 이해해야만 한다. 그 이해력 덕분에 표현력이 약한 자녀가 무엇을 말하려는지 이해할 수 있게 된다. 또한 정보는 고객이 알아듣기 쉽게 전달해야 한다. 그 노력이 이해력이 아직 발달하지 않은 아이에게도 쉽게 알아들을 수 있게 전달하는 데 도움이 된다. 그리고 콜센터 업무에는 화난 고객의 이야기를 참을성 있게 듣고 침착하고 적절하게 대응하는 능력이 필요하다. 그 경험과 능력으로 육아에 필요한 인내를 기를 수 있다. 아이가 화를 낼 때 아이의 분노에 압도되지 않고 적절히 대응하는 능력도 키울 수 있다.

그 여성의 경우 콜센터 업무 자체는 '정말 중요한 일'은 아니지만 그 일이 그녀의 가치 높은 일인 육아에 플러스(이익)가 되는 것이다. 어떤 플러스가 되는지 구체적으로 이해하면 할수록 콜센터 일에 의미를 느끼고, 충실감을 느끼며 일할 수 있게 된다.

자신이 하고 싶은 일에서 가치를 찾고 의미를 느끼는 것은 누구나 가진 재능이며, 누구나 발전시킬 수 있는 능력이다.

그럼 당신이 인정하는 가치는 아니지만 반드시 해야 하는 일이나 업무가 당신의 '정말 중요한 일'에 어떻게 구체적으로 도움되는지 다음 활동을 통해 살펴보자.

일의 가치를 재발견하는 활동

질문1. 당신의 구체적인 업무 중 싫은 일,
       하고 싶지 않은 일을 정리해보자.

질문2. 그 업무를 하는 게 당신에게 구체적으로 어떻게
       도움이 되는지 하나씩 하나씩 적어보자.
       그때 당신의 특별히 높은 가치에 어떻게 도움이
       되는지를 구체적으로 많이 적어야 한다.
       그리고 당신의 높은 가치관과는 관계 없는 업무도
       당신에게 어떻게 도움이 되는지 적어보자.

질문3. 하나의 업무에 대해, 당신에게 어떤 플러스가 있는지
스물다섯 가지를 목표로 찾아보자. 특히 싫어하는
일은 그 이상의 플러스를 적어야 할 수 있다.

글로 적을 때 의미가 같은 것을 다른 말로 표현해서는 안 된다. 이를 테면 특정 업무를 하면서 '단조로운 작업도 계속할 수 있는 인내력을 얻었다'라는 플러스와 '재미없는 일도 참을 수 있게 됐다'라는 플러스를 적었다면, 당신에게 있어 같은 일을 달리 표현한 것이라면, 플러스는 한 가지이지 서로 다른 두 가지가 아니다.

특정 업무의 플러스를 한 가지 찾아내 적으면 다시 다른 플러스를 찾아 적을 수 있다. 예를 들어 당신이 싫어하는 업무가 '회의'라고 하자. 그 업무가 당신에게 가져다준 플러스로 '다른 사람에게 간단히, 알기 쉽게 전달할 수 있는 능력이 생겼다' '질문이나 반론을 들었을 때 생각하고 대답하는 대응력이 좋아졌다' '사전 교섭의 중요성을 깨달았다' 등을 적을 수 있다.

더 나아가 가지치기하듯 플러스를 적어나갈 수도 있다. 가지치기란 하나의 플러스가 다시 구체적으로 어떤 플러스가 되는지를 적는 방법이다.

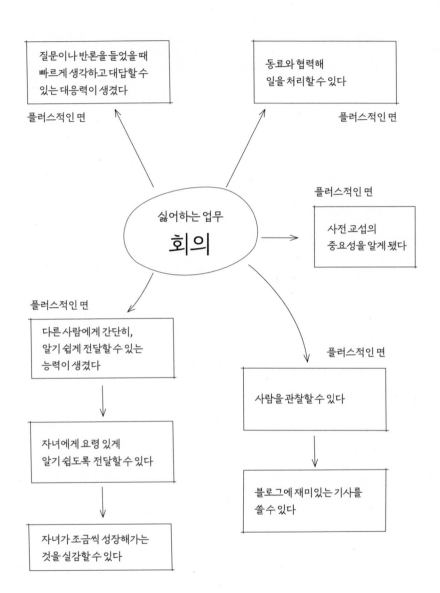

질문이나 반론을 들었을 때
빠르게 생각하고 대답할 수
있는 대응력이 생겼다

플러스적인 면

동료와 협력해
일을 처리할 수 있다

플러스적인 면

싫어하는 업무
회의

플러스적인 면

사전 교섭의
중요성을 알게 됐다

플러스적인 면

다른 사람에게 간단히,
알기 쉽게 전달할 수 있는
능력이 생겼다

자녀에게 요령 있게
알기 쉽도록 전달할 수 있다

자녀가 조금씩 성장해가는
것을 실감할 수 있다

플러스적인 면

사람을 관찰할 수 있다

블로그에 재미있는 기사를
쓸 수 있다

예를 들어 회의의 플러스적인 측면을 '다른 사람에게 간단히, 그리고 알기 쉽게 전달할 수 있는 능력이 생겼다'라고 하자.

그 플러스적인 측면이 다시 구체적으로 어떤 플러스로 작용하는지를 쓰는 것이다.

'자녀에게 요령 있게 알기 쉽도록 전달할 수 있다.'

다시 그것이 어떤 플러스로 작용하는지 쓴다.

'자녀가 조금씩 성장해가는 것을 실감할 수 있다.'

그리고 그것이 플러스로 작용할 만한 게 더 있다면 계속해서 적는다.

'부모로서 나를 인정할 수 있다.'

→ '가정의 평안을 얻을 수 있다.'

→ '일하면서 싫은 부분이 있어도 다시 열심히 할 힘을 얻을 수 있다.'

충분히 플러스를 적었다면 그 업무에서 의미를 느끼고, 그 업무를 하고 싶어진다. 당신이 무엇을 하든 당신의 높은 가치관에 반드시 도움이 된다. 참을성 있게 계속 찾아보자. 반드시 찾을 수 있다.

인간은 기분 좋은 일만 하려고 한다

자기 인생을 긍정하고, 자기 자신을 긍정하며 살아가기 위해 중요한 것으로 앞에서 언급한 '자신에게 정말 중요한 것을 생활의 중심에 두고 매진하는 일' 외에 '자기에게 정말 중요한 것을 통해 다른 사람에게 도움을 주는 일'이 있다.

이 두 가지를 실천하면서 우리는 기쁨과 충실감을 느낄 수 있다. 애초에 인간은 기쁨을 느끼지 않는 일은 지속하지 않는다.

다른 사람에게 도움이 되는 게 도덕적으로 옳다고 해서 반드시 해야 하는 일은 아니다. 그보다는 다른 사람에게 기쁨을 주거나 감사의 말을 듣는 것은 기쁜 일이고, 그것이 결국 우리 자신에게 이득이 되기 때문이다.

우리는 본질적으로 사랑하고 싶다, 타인을 돕고 싶다 같은 강렬한 바람을 가진 존재라고 생각한다.

실제로 사회에 공헌하고 있다고 느끼는 사람은 주관적인 행복 지수가 높다.[xvi]

또한 여러 심리학 연구에 따르면 자신의 노력과 시간, 금전 등을 타인에게 주거나 타인을 위해 자선 활동에 쓰는 일이 영속적인 행복감으로 연결된다는 것을 깨달아 알고 있다.[xvii]

'나만 좋다면'이라는 단계에 계속 머물러 있는 한 정말 기분 좋은 느낌이나 충실감 그리고 살아가는 의미를 느낄 수 없다.

자신이 가지고 있는 것을 다른 사람을 위해 어떻게 사용할까.

자신이 가지고 있는 것으로 이 세상을 위해 어떤 노력을 할까.

어떻게 하면 그것이 가능할지 구체적으로 생각하고 그 방향으로 나아가는 행동을 선택해야 한다.

과거의 선택을 후회할 때는

과거의 선택에 대해 좋지 않았다고 후회하면, 그 선택을 한 자신을 긍정할 수 없고, 그 선택의 연장선 위에 있는 현재 인생도 긍정할 수 없다. 아울러 '앞으로도 잘못된 선택을 하지 않을까' 하는 불안감을 떨칠 수 없게 된다.

하지만 과거의 선택을 받아들이고 긍정할 수는 있다. 그러기 위해 할 수 있는 것을 알려주겠다.

내 카운슬링 룸에 약제사 자격을 가진 40대 남성이 찾아왔다. 그는 약제 연구 일을 싫어하지는 않지만 직장에서 인간관계가 몹시 좋지 않아 견딜 수 없는 지경에 이르러 그만두고 말았다. 지금은 약제사와는 전혀 관계없는 일을 하고 있다.

　나를 찾아온 그는 후회하고 있었다. '그때 그만두지 않았더라면 좋지 않았을까.'

　하지만 그만둘 당시에는 직장에서의 인간관계가 너무나도 안 좋아서 미움을 받기도 하고 공격당하기도 하는 등 도저히 버티기 힘든 상황이었다. 그래서 그만두지 않을 수 없었던 것이다.

　하지만 현재 그에게는 그런 현실이 보이지 않았다. 직장을 그만둔 일을 한탄하고 슬퍼하며 분개하고 있는 것이다.

　'만약 그때 힘을 내서 일을 더 했더라면 지금 조금 더 나은 인생을 살지 않았을까.'

　그것은 환상이다. 실제로 그 직장에서는 더 이상 버틸 수 없을 만큼 힘들었는데 말이다.

　인간에게는 그런 비현실적인 환상이 많다.

　'좀 더 내 인생이 좋아졌을 것이다.'

　'사실 나는 좀 더 잘할 수 있었는데.'

　하지만 이것은 비현실적인 환상이다.

　만약 '그때 좀 더 힘을 냈더라면' '좌절해서 이 모양 이 꼴이다'라는 기분이 든다면 다음 활동을 해보자.

선택의 플러스, 미선택의 마이너스를 적는 활동

질문1. 당신이 실패나 좌절이라고 생각하는 구체적인
선택 하나를 꼽아보자. 그리고 그때 당신이 한
선택 덕분에 구체적으로 어떤 플러스를 얻었는지
최대한 많이 적어보자.
최소 스무 가지를 적기 바란다. 당신의 선택이
최선이었다는 것을 수긍하고 납득하려면
오십 가지 이상을 적어야 할 수도 있다.
당신은 그 선택의 플러스적인 면을 찾을 수가 없어서
후회하고 있는 것이다. 그래서 처음에는 플러스를
좀처럼 찾을 수 없을지도 모른다.
하지만 반드시 플러스는 있다. 끈기 있게 찾아보자.

질문2. 만일 그때 다른 선택을 했다면 그 선택은 당신에게
구체적으로 어떤 마이너스를 가져왔을지
최대한 많이 적어보자. 이것 역시 당신 선택이
최선이었다는 것을 수긍하고 알기 위해
최소 스무 가지는 적어야 한다.
오십 가지 넘게 적어야 할지도 모른다.

과거의 선택을 후회하는 이유는 그 선택의 플러스 측면을 충분히 발견하지 못했기 때문이며, 만일 다른 선택을 했다면 구체적으로 어떤 마이너스(손해)가 있었을지 충분히 보지 못했기 때문이다.

이 활동은 후회하는 온갖 과거의 선택에 적용할 수 있다.

예를 들면 '그때 취직하지 않고 진학했더라면 내 인생은 더 좋아졌을 텐데'라고 후회한다면 당신이 취직해서 얻은 플러스와 진학했을 때 얻었을 마이너스를 적는 것이다. 모두 최소 스무 가지 이상을 적어야 한다. 그중에는 오십 가지 이상을 적지 않으면 기분이 달라지지 않는 경우도 있다. 참을성 있게 해보기 바란다. 반드시 플러스와 마이너스는 있다.

충분히 썼다면 '잘못되지 않았어. 내 선택이 옳았어'라고 느끼게 될 것이다.

한 여성은 결혼 직전에 자신의 마음을 알 수 없게 됐다.

만약 지금의 약혼자가 아닌, 다른 남성(전 남자 친구)과 결혼하면 자신의 인생은 좀 더 달라지지 않을까 하는 마음이 들기 시작한 것이다. 메리지 블루라고도 말하지만, 결혼을 앞둔 시기에 확실하게 자신의 마음을 다스릴 수 있느냐 없느냐에 따라 앞으로의 인생까지 완전히 바뀌는 것이다.

그녀에게 지금의 약혼자는 나쁘지 않다.

다만 그때 전 남자 친구와 헤어지지 않았다면 어땠을까라고 생각하자 미련이 조금 생긴 것이다.

하지만 이것 역시 환상이다.

전 남자 친구와의 이별을 후회하는 이유는 지금의 약혼자와 사귀면서 얻은 플러스와 전 남자 친구에 대한 마이너스를 모두 충분히 보지 못하기 때문이다.

이럴 때 해야 할 것은, 전 남자 친구와 헤어져서 이 여성이 얻은 플러스와 만일 전 남자 친구와 결혼했을 때 얻었을 구체적인 마이너스를 확실히 파악하는 일이다.

그래서 그녀에게 앞에서 말한 활동을 해보도록 했다.

우선, 지금 약혼자의 플러스적인 측면을 살펴봤다. 약혼자가 우유부단해 보인 것은 그녀의 마음을 존중해주는 배려 때문이다. 둘이 나누는 대화를 싫어하지 않고 그녀의 이야기를 들어주며, 자신에 대해서도 이야기해준다. 함께 살아보고 알게 된 사실은 비교적 집안일에 협조적이라는 점. 아직까지는 그리 많은 돈을 벌지 못하지만 사회인으로서 당당히 활동하는 그가 믿음직스럽다. 장차 가정도 잘 꾸려갈 것이다. 무엇보다 함께 있으면 안심이 된다.

이어서, 전 남자 친구의 마이너스적인 측면을 살펴봤다. 외모는 자신의 취향이다. 같은 취미를 가지고 있어서 함께 활동하는 게 많았다. 다만, 헤어진 원인은 상대방의 바람기 때문이었다. 계속 바람을 피울지도 모른다는 불안이 잠재한다. 말다툼을 하게 되면 상대방이 백기를 드는 경우도 있었다. 남자는 다 이렇구나라고 생각했지만 늘 상대의 기분이 신경 쓰여 눈치를 봤다. 미래의 일이나 결혼을 생각했을 때 구체적으로 둘이 생활하는 모습이 잘 그려지지 않았다. 아무리 자기 취향의 남자라 해도 자신의 인생 설계에 어울리지 않는다고 느꼈다.

그녀는 이해했다. 자신이 원하는 건 안정된 결혼 생활. 그리고 서로 존경할 수 있는 생활 동반자. 설령 싸우더라도 제대로 자신과 마주하는 사람.

이 사람이라 다행이다.

환상을 떨쳐버린 그녀는 깊이 납득했다. 그리고 앞으로의 새로운 인생을 시작하겠다고 결심하고 결혼식을 맞이할 수 있었다.

앞으로 두 사람은 서로 도우면서 여러 문제를 극복해나갈 것이다.

잃어버린 것은 아름다워 보인다

흔히 '시간이 해결해준다'고 말하지만 반드시 그렇다고는 할 수 없다. 많은 사람이 언제까지나 과거에 얽매여 혹은 늘 후회하며 살아가니 말이다.

이것은 심리 상담 현장에서는 자주 접하는 고민의 형태다. 특히 어린 시절의 일이 많다.

이를테면 '그때 아버지가 죽지 않았더라면' 하는 생각. 이와 비슷한 감정을 품고 있는 사람은 그리 드물지 않다.

'아버지가 죽어서 대학에 가지 못했다. 고졸이라서 지금 이렇게 살고 있다.'

'아버지가 없기 때문에 지금 쓰레기 같은 인생을 살고 있다.'

이것들 역시 사실은 환상인 것이다.

환상을 없애는 활동

질문1. 당신은 무엇을 잃었는가? 그것을 잃어서 구체적으로
어떤 플러스를 얻었는가? 최대한 많이 적어보자.

질문2. 가령 그것을 잃지 않았더라면 구체적으로
어떤 마이너스가 있었을까?
그것을 최대한 많이 적어보자.

한 남성은 중학생 때 아버지를 잃었다. 아르바이트하면서 고등학교를 졸업할 수 있었지만 대학 진학은 포기했다.

고등학교 졸업 후 이런저런 일을 경험하다 전문대학에 다시 들어갔다. 그리고 지금은 간병인으로 일하고 있다.

그의 일은 단순하지 않다. 노인의 건강을 관리하는 직장에서 일한다. 하지만 운영 방침을 둘러싼 상층부와의 마찰, 그리고 이용자나 이용자 가족과의 의견 충돌, 직무상의 작은 실수들이 쌓여 그는 막다른 골목에 몰려 있었다.

'나는 이 일에 맞지 않는다. 애당초 나는 누구에게도 도움이 되지 못한다. 아무런 가치도 없다. 사실은 운동과 관련된 일을 하고 싶었다. 만약 그때 아버지가 돌아가시지만 않았다면 대학에 진학해 체육 교사나 스포츠 업체에 취직하고 싶었던 꿈도 이뤘을지 모른다. 그랬다면 지금쯤 나는 삶을 좀 더 즐기며 살아갔을 텐데….'

그의 사고는 완전히 침체되어 있었다.

그래서 그에게 아버지의 죽음으로 어떤 플러스가 있었는지 쓰게 했다.

'보험금이 들어와 생활에 보탬이 됐다.'

'아버지가 돌아가셔서 내가 더 열심히 살아야겠다고 생각했다.'

'그 덕분에 리더십이 생겼다.'

'리더십으로 학급 위원, 학생 회장도 되었다.'

'어머니를 잘 돌보고 싶어서 일찍 사회에 나와 자립의 길을 선택했다.'

'언제나 사랑을 준 할머니에게 도움이 될 수 있어 간병인이라는 직업을 선택했다.'

'타인을 지원하는 일은 직접 타인에게 도움이 되고 있다는 의의를 느낄 수 있다.'

'지금은 간병인이라는 직업에 긍지를 느낀다.'

이어서 만약 그때 아버지가 죽지 않았더라면 구체적으로 어떤 부정적인 일이 있었을지 써보도록 했다.

'늘 부모님에게 의존하는 사람이 되었을 것이다.'

'편안한 생활을 당연하게 생각해 일찍부터 돈 벌 생각은 못했을 것이다.'

'그러면 지금의 나에 비해 미숙하고 책임감도 부족한 인간이 되었을 것이다.'

'미숙하고 책임감이 희박한 나 자신을 인정하지 못했을 것이다.'

'내가 무엇을 원하는지 진지하게 생각하지 못한 채 물에 떠내려가듯 살았을 것이다.'

'현재와 같이 의미 있는 일은 하지 못했을 것이다.'

각각 스무 가지 정도를 썼다.

'이제 됐다.'

다 쓰고 나자 그는 깊이 납득했다.

우리가 안타까움이나 후회, 분노 등을 느끼는 건 모든 면을 조망하지 않고 한쪽에 치우쳐 바라보기 때문이다.

하지만 사물의 한 면만을 바라볼 때는 자신이 바라보는 것을 옳다고 믿고, 치우쳐 바라보고 있다는 사실은 깨닫지 못한다. 사물의 양면이 보였을 때 비로소 '지금까지 치우쳐 바라보고 있었구나!' 하고 깨닫게 된다.

소중한 것을 잃어도
대신할 존재가 반드시 주어진다

앞에서 '아버지가 일찍 돌아가셔서 쓰레기 같은 인생을 산다'고 생각한 사람의 이야기에는 중요한 다른 진실이 숨어 있다.

'아버지가 죽었다'는 사실과 관련해 확실히 아버지라는 육체의 존재는 사라지고 없다. 하지만 그 사람의 인생에서 아버지가 주었어야 할 것을 다른 사람들이 대신 주고 있었다. 그런 의미에서 보면 결코 아버지를 잃은 것은 아니다.

하지만 이 사실이 보이지 않기에 '아버지가 돌아가셔서 쓰레기 같은 인생을 산다'라고 생각하거나 '아버지를 잃어서 외롭다(슬프다)'라고 느끼는 것이다.

사실 아버지가 주었던 것은 모두 다른 사람들이 주고 있었다. 아버지가 주었던 것이란 아버지의 구체적인 행동이다. 그래서 아버지가 주었던 것을 아버지가 죽은 후 누가 주었는지 함께 살펴보기로 했다.

그가 아버지를 잃고 슬펐던 이유는 아버지가 때때로 해주었던 인생의 조언을 더 이상 들을 수 없다고 생각했기 때문이다. 그는 인생의 지침을 잃었다고 느꼈다.

그래서 아버지가 죽은 후, 대신 누가 조언을 해주었는지 써보기로 했다.

'아버지가 돌아가신 후 담임 선생님이 한층 친밀히 내 슬픈 마음을 이해해줬다.'

'동아리 선생님이 학교생활과 가족 관계에 대한 상담을 해줬다.'

'작은아버지가 고등학교 졸업 후의 진로에 대해 같이 고민해주고 구체적인 방침을 세워줬다.'

'처음 취직했을 때 회사의 상사가 사회인으로 자립할 수 있도록 이끌어줬다.'

'일을 그만두고 전문학교에 들어가야 할지 망설일 때 선배와 의논해서 결심할 수 있었다.'

'지금 직장을 선택한 것은 이웃 할머니의 이야기를 들었기 때문이다.'

쓰고 보니 자신이 필요할 때, 누군가가 시의적절하게 조언해주었다는 걸 깨달았다. 그리고 자신의 노력뿐 아니라 주변 사람들 덕분에 지금까지 무언가를 할 수 있었다는 사실을 알게 되자 감사의 마음이 솟구쳤다.

이처럼 현실은 아버지 한 사람이 주었어야 할 것을 여러 사람들이 대신 줄 수 있게 된 것이다.

또한 기억 속 아버지는 젊고, 구릿빛으로 그을어 잘생긴 얼굴을 잔뜩 구기며 웃는 게 인상적이었다. 그는 아버지의 웃음을 보는 것만으로 기뻤다. 그 '웃음'을 영원히 잃었다는 사실에 외로웠다.

그래서 아버지가 죽은 후 누가 대신 웃음을 주었는지 돌아봤다.

'아버지가 돌아가신 후에는 어머니가 더욱 환한 웃음을 주었다.'

'동생의 천진난만한 웃음에 마음이 편해졌다.'

'동네 사람들의 배려가 담긴 웃음에 안도감을 느꼈다.'

'기르던 개와 늘 장난치고 놀며 많이 웃었다.' (동물에 흥미가 없는 사람은 믿을 수 없을지도 모르지만 반려동물은 웃음을 주는 존재다!)

'거울을 볼 때마다 아버지의 웃음을 떠올리며 나 스스로에게 웃음을 주었다.'

아버지가 해주었던 구체적인 행동을 아버지의 사후 누가 주었는지 충분히 쓰고 나자 그는 고개를 끄덕였다.

'아버지의 육체는 사라지고 없어도 아버지가 주었던 것은 모두 내 인생에 있다.'

그러자 아버지의 죽음에 대한 슬픔이 사라졌다.

이처럼 아버지가 주었던 구체적인 행동은 모두 누군가 이어서 계속 주고 있었던 것이다.

그리고 내가 그에게 알려주고 싶은 것이 조금 더 있었다.

아버지의 죽음 후 아버지를 대신해 다른 사람(다른 물건)이 무언가를 계속 주고 있었다는 사실에서 그에게 도움이 될 만한 요소가 많았다는 점이다.

예를 들면 아버지가 죽고 나서 담임 선생님이나 작은아버지가 자주 조언해주었다.

이것에 대한 플러스를 글로 적어보기로 했다.

'진로에 대한 담임 선생님의 조언이 아버지의 조언보다 정보량도 많고 더 정확했다.'

'아버지는 내게 조언할 때 설교하듯이 말했지만 작은아버지의 조언은 그렇지 않아 순순히 수용할 수 있었다.'

'담임 선생님이 국어 선생님이어서 이런저런 이야기를 듣는 동안 책 읽는 게 좋아졌다.'

'아버지가 자주 공부하라고 말해서 나는 싫다고 생각한 적도 있다. 하지만 담임 선생님의 얼굴을 보는 건 학교에 있는 시간뿐이니 훨씬 자유로웠다.'

이어서 아버지 대신 어머니, 동생, 동네 사람들, 반려동물, 나 자신이 '웃음'을 준 것에 대한 플러스를 살펴봤다.

'아버지는 웃으며 명령할 때가 있었는데 어머니의 웃음에는 명령도, 기대도 없어서 마음 편히 수용할 수 있었다.'

'아버지의 웃음은 아버지가 집에 있을 때만 줄 수 있던 것이지만 나 자신의 웃음은 늘 어디서든 받을 수 있다.'

'아버지가 웃을 때는 웃고 싶은 마음이 없어도 억지로 웃어야 할 때도 있었지만 동생에게는 그럴 필요가 없다.'

'아버지의 웃음보다 사랑하는 반려견의 웃음이 훨씬 귀엽다!'

이처럼 아버지가 주지 못하게 된 대신 다른 사람(다른 물건)이 주게 된 것이 많다. 대부분의 사람이 그것을 깨닫지 못한다. 그것을, 자신에게 어떤 플러스가 있었는지를 충분히 글로 쓰자, 그는 아버지가 살아 있었을 때도, 죽은 후에도 마음속에 감사하는 마음이 솟아올랐다.

게다가 아버지의 장점을 억지스럽게 찾아내 감사하는 게 아니다.

있는 그대로의 아버지에 대해, 자연스럽게 사랑과 감사를 느낄 수 있었던 것이다. 그리고 '이걸로 됐다'라는 안도감이 솟구쳤다.

우리는 누구나 있는 그대로의 자신을 사랑해주기를, 고마워해주기를 바란다. 그의 아버지도 마찬가지다. 그리고 가족들이 자신의 죽음을 디딤돌 삼아 더욱 행복해지길 바랐을 것이다.

예를 들어 헤어진 상대, 소중히 간직했지만 사라진 물건, 손에 넣었다고 생각했던 지위나 명성 그리고 돈 등 당신이 잃어버린 사람(물건)을 대신해 누군가(무엇인가) 수많은 지원을 해주었다. '그때 그런 일이 없었다면.' 이런 후회를 하고 있다면 그 사실을 깨닫지 못한 것이다.

만일 그 사실을 알고 싶다면 당신도 다음 활동을 해보기 바란다. 분명 큰 감동을 느낄 것이다.

그럼 당신 자신이 잃어버린 사람(물건)을 대신해 누구(무엇)에게 어떤 것을 받았는지 발견하는 활동을 해보자.

누구에게 무엇을 받았는지 발견하는 활동

질문1. 만약 당신이 잃어버려서, 그 사람이나 물건에게
받아야 할 것을 손에 넣지 못하고 후회했다면,
누가(무엇이) 그것을 대신 주었을까.
최대한 많이 써보자.

질문2. 다른 사람(물건)이 대신 준 것에 구체적으로
어떤 플러스가 있었을까. 최대한 많이 적어보자.

현재 상황에 불만을 품고 있는
사람에게 부족한 것

회사는 회사대로, 가정은 가정대로, 현재 상황에 불만을 느끼는 사람은 적지 않다.

모든 일이 원활하게 풀리지 않고 꽉 막힌 사람은 '큰 변화에 의해 인생이 단번에 확 바뀌어 행복해지고 싶다'고 기대해버리는 경우가 있다. 하지만 그 기대대로 잘되지 않는다.

'갑자기 큰 힘으로 상황이 단번에 변하고 행복해진다'라는 기대를 먼저 내려놓아야 한다.

그리고 현재 일상생활에서 작은 기쁨과 감사를 찾아내는 게 중요하다.

지금 입고 있는 옷이나 속옷, 가방, 액세서리, 음식, 가구, 비누….

어쩌면 정말 마음에 들지 않을 수도 있지만 그것들이 없으면 당신은 일상생활에서 곤란을 겪지 않을까.

지금의 물질적 풍요에 감사하며 물건을 소중히 다뤄야 한다. 이러한 작은 행복의 축적이 큰 행복으로 이어지기 때문이다.

또한 신변을 물질적으로 정리하는 것 역시 중요하다. 방을 정리하고 단정한 옷을 입는다. 몸과 마음에 양분이 되는 식사를 한다. 이렇게 사물을 소중히 여길 때 자기 자신도 소중히 여기게 된다.

이런 습관을 일상화하면 작은 것에서 기쁨이나 행복을 발견할 수 있다.

그러므로 평소 '고맙다'고 생각하는 것을 하나하나 적는 '감사 노트'를 만들어보자. 그렇게 하면 마음이 건강해지고 인생에 만족도가 올라간다는 사실이 많은 심리학자의 연구로 증명되었다.

그래도 여전히 불만스럽고 현재 생활을 바꾸고 싶은 사람은 '혜택을 발견하는 활동'을 해보자.

회사에 불만이 있다면 회사 덕분에 구체적으로 어떤 플러스를 얻었는지 일일이 글로 적어보자.

당신에게 완벽하지 않더라도 지금의 회사는 당신을 고용해주고 일도 주며 월급도 준다. 그런 플러스들을 최대한 적어보자.

그렇게 하면 자연스럽게 고마운 마음이 생긴다. 그 활동을 하지 않고 감사하려고 애써도 힘들 것이다.

회사에 대한 감사의 마음이 있으면 있을수록, 설령 회사를 그만둔다고 해도 다음 단계에서 많은 혜택을 얻을 수 있다.

나는 오랫동안 교수로 근무하던 대학을 그만두었다.

대학에는 회의가 몇 가지나 있다. 나는 파벌에 속하지 않아 의장이라는 중재 역할을 맡을 때가 자주 있었다. 의장을 맡았을 때는 사전에 한쪽 집단에 '죄송합니다. 이러저러해서 이번에는 잘 부탁합니다', 다음에는 다른 쪽 집단에 '이러저러해서 이렇게 되었습니다'라고, 흔히 말하는 사전 교섭을 해야만 했다. 늘 그런 일을 했지만 그것이 내 인생에서 하고 싶은 일은 아니라는 느낌이 점점 강하게 들었다.

또한 교수회는 오랜 시간 묶여 있어야 한다. 때로는 비생산적인 회의에서 서로를 공격해 마치 패싸움이라도 하는 듯 보였다. 내가 개입해 싸움을 수습할 수 있다면 그리했겠지만 발언하는 사람이 늘면 늘수록 회의는 길어질 뿐이었다. 결국 나는 아무 말도 하지 않게 되었다.

내가 하고 싶은 것은 마음에 불만이나 분노, 외로움, 열등감, 죄책감 같은 괴로움을 안고 있는 사람이 행복하고 충실하게 살도록 돕는 일이었다. 그 일이 내게는 훨씬 더 의미가 있었다. 그 일을 하기 위해 대학교수 일이 최선이라고는 생각되지 않았다.

그렇다면 대학 일에 할애하는 시간을 나의 카운슬링이나 강의를 진심으로 원하는 사람들을 위해 쓰는 편이 나에게는 훨씬 더 의미 있다고 확신하기에 이르렀다. 그래서 대학을 그만두기로 결단했던 것이다.

그리고 나는 혜택과 감사를 글로 적어보기로 했다.

회의 시간에 자료에 메모하는 척하면서 하나, 둘, 셋, 넷 숫자를 먼저 쓰고, 대학에서 받은 혜택을 적기 시작했다.

하나, 대학교수라는 명함 덕분에, 첫 책을 그 출판사에서 출간했다.

둘, 그렇구나. 그 책이 나와서 다음 책을 다른 출판사에서 출간하게 되었다.

셋, 그래서 이만큼 인세를 받고 있다.

넷, 대학교수라는 명함 덕분에 강연에도 섭외됐다.

다섯, ….

이렇게 써나가다 보니 싫다고 생각했던 대학 일이 삼백 개 가까운 혜택을 주었다는 사실을 깨닫게 되었다. 그 결과 대학에 깊이 감사하는 마음이 흘러넘쳤다.

그리고 나는 대학에 깊이 감사하는 마음으로 더욱더 다음 단계로 나아가기 위해 퇴직했다.

나는 퇴직하기 전에 대학 학장을 찾아갔다. 대학에 무척 감사하는 마음을 가지고 있었기에 학장에게 "퇴직 후 대학에 도움되는 일이 있다면 꼭 불러주세요. 교수들을 대상으로 하는 효과적인 수업법 연수 등, 강사료 없이 할 테니 걱정 말고 맡겨주세요"라고 말했다.

만일 당신이 현재의 직장이나 조직에 불만을 품고 그만두려고 한다면 그 결심을 하기 전에 다음 활동을 해보자.

혜택을 발견하는 활동

질문1. 지금 생활 속에 있는 혜택을 찾아내자.

특히 불만스럽다고 생각하는 부분에 대해

그것이 당신에게 가져다준 혜택을 적어보자.

예를 들어 회사에 불만감을 느끼는 경우

당신이 회사에서 받은 혜택을 최대한 적어보자.

짧고 구체적으로 최대한 써나가는 것이 요령이다.

〔예〕

• 매달 정해진 액수의 월급이 자동으로 입금된다

- 그래서 옷을 살 수 있다
- 데이트도 할 수 있다
- 자기소개를 할 때 '무직'이라고
  말하지 않아도 된다
- 명함을 건네는 법 등 사회인의 매너를 배웠다
- 효율적으로 일하는 방법을 익혔다

이처럼 혜택을 최대한 찾아내 현재의 생활에 감사하는 마음으로 살아갈수록 온갖 혜택이 찾아온다. 예를 들어 회사를 그만둔다고 해도 감사하는 마음으로 그만둔다면 다음 단계에서 더 많은 혜택을 누릴 수 있는 것이다.

지금 상황에 진심으로 감사할 수 있을 때 '확신'이 찾아온다

지금 생활이 만족스럽지 않기 때문에, 현재 생활이 싫기 때문에, 이런 도피의 목적으로 다른 것을 찾는다면 다음 단계로 나아가도 잘되지 않는다. 이를테면 불만 가득한 회사를 그만두고 음식점을 시작해봤자 불평불만인 현재 상황에서 도망치려는 목적이기 때문에 고생할 것이다.

조금 전 나의 이야기처럼, 지금 회사가 어떤 혜택을 당신에게 주었는지 이해하면 회사에 감사하는 마음이 생겨난다.

게다가 '인생을 좀 더 잘 살고 싶다'는 당신 자신을 향한 사랑, '좋은 세상을 만들고 싶다'는 이 세상에 대한 사랑에서 선택한 일이라면 잘될 가능성이 한층 커질 것이다.

그러기 위해서 당신은 언젠가 죽는다는 현실을 당당히 마주해야 한다. 그리고 당신의 높은 가치관(정말 중요한 것)을 이해했을 때 이렇게 확신할 것이다.

'내게 정말 중요한 것은 명확하다. 현재 상황에서는 그것을 할 수 없다. 지금 회사에는 무척 고맙지만 슬슬 정말 중요한 것으로 이 세상에 도움이 되는 활동을 하고 싶다. 그러니까 이 회사에서 퇴사하고 내가 하고 싶은 일을 하자.'

그렇게 선택한 일은 잘될 가능성이 크다.

'저런 회사, 싫으니까 그만두자' 하고 다른 길을 찾는 건 도피이지만 내면이 감사하는 마음으로 안정된 상태에서 '다음 단계로 옮겨가야 할 때'라는 명확한 느낌이 들었을 때는 자기 내면의 소리를 듣는 것이다.

자신의 목소리를 들을 수 있게 되었을 때 당신은 확신을 가지고 내려놓아야 할 것은 간결하게 내려놓고 새로운 인생을 선택해갈 것이다.

맺음말

이 책에서는 당신에게 필요 없는 것을 분별해 내려놓고 정말 가치 있는 것을 중심에 두고 살아가는 방법을 제안했다.

그러기 위해서는 당신이 자신을 긍정하면서 충실하고 의미 있다고 느낄 수 있는 인생을 살아가는 게 중요하다. 그를 위해 필요한 단계들을 간단히 돌아보자.

먼저, 당신이 죽는다는 사실과 직면하는 게 중요하다. 그때야말로 주어진 현재를 소중히 여길 수 있다.

그리고 자기 내면의 소리를 들어야 한다. 당신의 감정을 느끼는 것이 중요하다.

하지만 부족감, 초조감, 후회를 느끼는 마음으로는 좀처럼 자기 내면의 소리를 들을 수 없다. 우선은 가급적 마음이 안정된 상태를 이루는 게 중요하다.

그리고 당신에게 정말 중요한 것이 무엇인지를 알고, 그것을 생활의 중심에 두고 매진하며 살아가는 일. 그것을 통해 다른 사람들에게 공헌하는 일이 당신이 스스로 가치를 느끼며 충실하게 살아가기 위해 반드시 필요하다.

더 나아가 현재에 대해서도, 과거에 대해서도 감사하는 마음을 품을수록 보다 많은 혜택을 받으며 살아갈 수 있다.

감사하는 마음을 가지고 타인을 위해 자신이 할 수 있는 공헌을 겸허히 성실히 실천할 때, 다른 사람에게도 도움이 되고 더 높은 단계로 올라갈 기회가 찾아온다.

이 책을 통해 당신이 자신을 긍정하면서 충실하고 의미 있는 인생을 살기 위해 도움이 되는 몇 가지 심리 활동을 소개했다.

당신에게 '정말 중요한 것' = 가치관을 명확히 하는 활동과 과거, 현재에서 마이너스라고 생각하는 것에 감춰져 있는 플러스를 발견하고, 과거도 현재도 진심으로 긍정하며 살아가기 위한 활동.

이 활동들을 꼭 실행하기 바란다. 인생을 다른 각도에서 바라보게 될 것이다.

하지만 그것들을 당신 혼자 해내는 건 어려운 일일지도 모른다. 또한 열등감, 죄책감, 낮은 자기긍정감을 가지고 있거나 과거 마음에 큰 상처를 입었다면 지금을 충실하게 살아가는 게 어려울 수 있다.

그럴 때는 디마니티 관련 모임에 참여해 전문가의 도움을 받기를 강력히 권유한다. 당신도, 당신의 인생도 받아들일 수 있게 되어 훨씬 가벼운 마음으로 달라진 인생을 살 수 있을 것이다.

나의 수많은 독자, 내담자는 자신과 자신의 인생을 긍정하고, '정말 중요한 것'을 명확히 하면서 빛나게 살아가기 위한 멋진 변화를 이뤄내고 있다.

어린 시절부터 아버지의 폭력이나 폭언 속에서 자란 사람이 그 마음의 상처를 근본적으로 해소하고 가볍게 살아갈 수 있게 되었다.

어머니에게 '너 같은 건 낳지 말았어야 해' '너 때문에 나는 저런 남자와 결혼한 거야'라고 자신의 존재를 부정당하며 자란 사람이 그 마음의 상처도, 짐도 해소하며 자신의 본래 능력을 발휘하며 밝게 살아갈 수 있게 되었다.

또한 연인과 헤어진 오랜 슬픔을 해소하고 긍정적으로 나아갈 수 있게 된 사람도 있다.

당신이 이 책을 손에 쥐게 된 것은 자신을 위해 인생을 좀 더 바람직하게 바꿀 마음의 준비가 되었기 때문이다. 그런 당신이라면 앞으로는 당신이 좀 더 바라는 인생을 살 수 있을 것이다. 마음만 먹으면 그를 위한 지원도 반드시 찾을 수 있다. 그것을 당신이 직접 발견하고, 손에 넣고, 활용하기 바란다.

당신의 행복을 진심으로 바란다.

고미야 노보루

참고문헌

[i] Roshani, K. (2012). Relationship between religious beliefs and life satisfaction with death anxiety in the elderly. *Annals of Biological Research, 3,* 4400-4405.; White, W. & Handal, P.J. (1990). The Relationship between Death Anxiety and Mental Health/Distress. *OMEGA - Journal of Death and Dying, 22,* 13-24 등.

[ii] 원래 시는 영어로 쓰였다. Bernie S. Siegel (1989). Love, Peace and Healing. (pp.245-246) Harper & Row, Publishers., New York에서 발췌했다.

[iii] Yalom, I. (1980). *Existential Psychotherapy*. Basic Books.

[iv] Freud, S. (1961). Introductory lecture on psychoanalysis, In J. Strachey(Ed. and Trans.), The standard edition of the complete psychological works of Sigmund Freud (Vol.15). London: Hogarth Press. (Original work published in 1915-1916).

[v] Rogers, C. R. (1961). On becoming a person. Boston: Houghton Miffin.

[vi] Asendorpf, J. B., & Scherer, K. R. (1983). The discrepant repressor: Differentiation between low anxiety, high anxiety, and repression of anxiety by autonomic-facial-verbal patterns of behavior. Journal of Personality and Social Psychology, 45, 1334-1346.

[vii] Weinberger, D. A., Schwartz, G. E., & Davidson, R. J. (1979). Low-anxious, high-anxious, and repressive coping styles: Psychometric patterns and behavioral and physiorogical responses tp stress. Journal of Abnormal Psychology, 88, 369-380.

[viii] King, A. C., Taylor, C. B., Albright, C. A., & Haskell, W. L. (1990). The relationship between repressive and defensive coping styles and blood pressure responses in healthy, middle-aged men and women. Journal of Psychosomatic Research, 34, 461-471.

[ix] 위와 동일.

[x] Wegner, D. M., Shortt, J. W., Blake, A. W., & Page, M. S. (1990). The suppression of exciting thoughts. Journal of Personality and Social Psychology, 58, 409-418.

[xi] Pennebaker, J. W., Kiecolt-Glaser, J. K., & Glaser, R. (1988). Disclosure of traumas and immune function: Health implications of psychotherapy. Journal of Consulting and Clinical Psychology, 56, 239-245.

[xii] Pennebaker, J. W., Hughes, C. F., & O'Heeron, R. C. (1987). The psycophysiology of confession: Linking inhibitory and psycohsomatic processes. Journal of Personality and Social Psychology, 52, 781-793.

[xiii] Anderson, C. D. (1981). Expression of affect and physiological response in psychosomatic patients. Journal of Psychosomatic Research, 25, 143-149.

[xiv] Siegel, B. S. (1989). *Love, Peace and Healing.* Harper & Row, Publishers., New York.

[xv] 古宮昇(2020).『しあわせの心理学』, ナカニシヤ出版、TOKYO.

[xvi] 島井哲志, 大竹恵子, 宇津木成介, 池見陽(2004). 일본판 주관적 행복감 척도(Subjective Happiness Scale:SHS)의 신뢰성과 타당성 검토.『日本公衆衛生雑誌』, 51(10), 845-853.

[xvii] 岡部光明(2014). Do for Others(타자에 대한 공헌): 황금률 및 이타주의의 계보와 정신 구조에 대해. 明治学院大学『国際学研究』, 46, 19-49.

당신의 내면은
언제나 답을 알고 있다.

당신 인생의 최우선 가치를 찾아내는
디마티니 밸류 팩터®시트

디마티니 밸류팩터®시트
봄편

질문마다 답변을 세 가지씩 적어보자. '해야 할 일'이나 희망이 아닌, 당신이 실제로 어떠한지를 살펴보며 답변하기 바란다. 반드시 세 가지씩 적어야 한다.

(질문1. 당신의 공간을 가장 많이 차지하는 물건은 무엇인가?)

_____

_____

_____

(질문2. 당신은 무엇에 시간을 가장 많이 소비하는가?)

_____

_____

_____

(질문3. 가장 힘이 나고 집중하게 되는 일은 무엇인가?)

_____

_____

_____

(질문4. 당신은 무엇에 돈을 가장 많이 쓰는가?)

_____

_____

_____

(질문5. 무엇에 관한 것이 가장 잘 정리되어 있는가?)

_____

_____

_____

(질문6. 가장 솔선수범해 처리하는 일은 무엇인가?)

_____

_____

_____

(질문7. 무엇에 대해 가장 많이 생각하는가?)

_____

_____

_____

(질문8. 머릿속에 자주 떠올리는 영상은 무엇인가?)

_____

_____

_____

(질문9. 자기 자신에게 자주 하는 말은 무엇인가?)

_____

_____

_____

(질문10. 무엇에 대해 타인과 가장 자주 이야기하는가?)

_____

_____

_____

(질문11. 당신이 가장 감동하고 마음이 움직이는 것은 무엇인가?)

_____

_____

_____

(질문12. 당신은 무엇에 대해 장기적인 목표를 가지고 노력을 오래 기

울이는가?)

_____

_____

_____

(질문13. 무엇에 대해 솔선수범해 배우고 정보를 얻으려고 하는가?)

_____

_____

_____

스텝2

스텝1에서 쓴 답변 39개 중 내용이 비슷한 답변들을 한 그룹으로 묶어 보자.

예를 들면 첫 번째 질문 '당신의 공간을 가장 많이 차지하는 물건은 무엇인가?'에 '책(심리학)'이라고 쓰고, 네 번째 질문 '당신은 무엇에 돈을 가장 많이 쓰는가?'에 '심리학 관련 세미나'라고 적었다면 '심리학 공부'라는 이름의 그룹을 만들고 그 안에 두 답변을 넣을 수 있다.

그룹을 만들 때 공통되는 내용은 당신 스스로 생각하자. 또한 각 그룹에 들어가는 답변 수를 괄호 안에 적는다.

그리고 괄호 안의 답변 수가 많은 순서대로 다섯 그룹을 다음과 같이 적기 바란다. 그것이 당신이 가치를 높이 두고 있는 상위 다섯 가지다.

〔예〕 책(심리학), 심리학 관련 세미나, 세션, 최신 세러피 정보 →

① 심리학 공부(4개)

〔예〕 아이와 가는 여행, 자녀 교육비, 육아 과제 → ② 육아(3개)

① _____ (개)
_____

② _____ (개)
_____

③   (개)

---

④   (개)

---

⑤   (개)

스텝2에서 꼽은 다섯 그룹 가운데 ①과 ②를 비교해보자.

어느 한쪽에 우선순위를 두어야 하는 상황이 생긴다면 당신은 실제로 ①을 최우선순위에 두는 경우가 많은가? 다시 한 번 숙고해보기 바란다.

①의 사항을 우선시하는 경우가 많다면 그대로 둬도 상관없지만 만일 ②의 사항을 우선시하는 경우가 실제로 많다면 ①과 ②의 순위를 바꿔야 한다. 마찬가지로 ②와 ③을 비교했을 때 우선시하는 경우가 많은 쪽을 위로 올려야 한다. ③과④, ④와⑤도 마찬가지다.

또한 당신의 가치관을 바르게 적어냈을 때 그룹을 다섯 가지도 만들지 못하고 세 가지나 네 가지밖에 만들지 못할 수 있다. 그래도 괜찮다.

①부터 ⑤까지 비교해 최종 순위를 결정했다면, 다시 써보자.

① _____ (　개)
_____

② _____ (　개)
_____

③ _____ (　개)
_____

특별 부록

④   (개)

---

⑤   (개)

스텝3까지 완료했다면 당신이 가치를 높이 두는 일이 무엇인지 명확해질 것이다.

가치관을 바르게 도출하면 '이게 정말 나다'라고 생각할 것이다. 당신은 그 가치관을 중심으로 인생을 살아가야 한다.

디마티니 밸류팩터®시트
여름편

질문마다 답변을 세 가지씩 적어보자. '해야 할 일'이나 희망이 아닌, 당신이 실제로 어떠한지를 살펴보며 답변하기 바란다. 반드시 세 가지씩 적어야 한다.

(질문1. 당신의 공간을 가장 많이 차지하는 물건은 무엇인가?)

_____

_____

_____

(질문2. 당신은 무엇에 시간을 가장 많이 소비하는가?)

_____

_____

_____

(질문3. 가장 힘이 나고 집중하게 되는 일은 무엇인가?)

_____

_____

_____

(질문4. 당신은 무엇에 돈을 가장 많이 쓰는가?)

_____

_____

_____

(질문5. 무엇에 관한 것이 가장 잘 정리되어 있는가?)

_____

_____

_____

(질문6. 가장 솔선수범해 처리하는 일은 무엇인가?)

_____

_____

_____

(질문7. 무엇에 대해 가장 많이 생각하는가?)

_____

_____

_____

(질문8. 머릿속에 자주 떠올리는 영상은 무엇인가?)

_____

_____

_____

(질문9. 자기 자신에게 자주 하는 말은 무엇인가?)

_____

_____

_____

(질문10. 무엇에 대해 타인과 가장 자주 이야기하는가?)

_____

_____

_____

(질문11. 당신이 가장 감동하고 마음이 움직이는 것은 무엇인가?)

_____

_____

_____

(질문12. 당신은 무엇에 대해 장기적인 목표를 가지고 노력을 오래 기울이는가?)

_____

_____

_____

(질문13. 무엇에 대해 솔선수범해 배우고 정보를 얻으려고 하는가?)

_____

_____

_____

스텝2

스텝1에서 쓴 답변 39개 중 내용이 비슷한 답변들을 한 그룹으로 묶어 보자.

예를 들면 첫 번째 질문 '당신의 공간을 가장 많이 차지하는 물건은 무엇인가?'에 '책(심리학)'이라고 쓰고, 네 번째 질문 '당신은 무엇에 돈을 가장 많이 쓰는가?'에 '심리학 관련 세미나'라고 적었다면 '심리학 공부'라는 이름의 그룹을 만들고 그 안에 두 답변을 넣을 수 있다.

그룹을 만들 때 공통되는 내용은 당신 스스로 생각하자. 또한 각 그룹에 들어가는 답변 수를 괄호 안에 적는다.

그리고 괄호 안의 답변 수가 많은 순서대로 다섯 그룹을 다음과 같이 적기 바란다. 그것이 당신이 가치를 높이 두고 있는 상위 다섯 가지다.

〔예〕 책(심리학), 심리학 관련 세미나, 세션, 최신 세러피 정보→

　　　① 심리학 공부(4개)

〔예〕 아이와 가는 여행, 자녀 교육비, 육아 과제→ ② 육아(3개)

① _____ (　개)

② _____ (　개)

③   (개)

_____

④   (개)

_____

⑤   (개)

_____

스텝2에서 꼽은 다섯 그룹 가운데 ①과 ②를 비교해보자.

어느 한쪽에 우선순위를 두어야 하는 상황이 생긴다면 당신은 실제로 ①을 최우선순위에 두는 경우가 많은가? 다시 한 번 숙고해보기 바란다.

①의 사항을 우선시하는 경우가 많다면 그대로 둬도 상관없지만 만일 ②의 사항을 우선시하는 경우가 실제로 많다면 ①과 ②의 순위를 바꿔야 한다. 마찬가지로 ②와 ③을 비교했을 때 우선시하는 경우가 많은 쪽을 위로 올려야 한다. ③과④, ④와⑤도 마찬가지다.

또한 당신의 가치관을 바르게 적어냈을 때 그룹을 다섯 가지도 만들지 못하고 세 가지나 네 가지밖에 만들지 못할 수 있다. 그래도 괜찮다.

①부터 ⑤까지 비교해 최종 순위를 결정했다면, 다시 써보자.

① _____ (개)
_____

② _____ (개)
_____

③ _____ (개)
_____

④   (개)

_____

⑤   (개)

_____

스텝3까지 완료했다면 당신이 가치를 높이 두는 일이 무엇인지 명확해질 것이다.

가치관을 바르게 도출하면 '이게 정말 나다'라고 생각할 것이다. 당신은 그 가치관을 중심으로 인생을 살아가야 한다.

디마티니 밸류 팩터®시트
가을편

질문마다 답변을 세 가지씩 적어보자. '해야 할 일'이나 희망이 아닌, 당신이 실제로 어떠한지를 살펴보며 답변하기 바란다. 반드시 세 가지씩 적어야 한다.

(질문1. 당신의 공간을 가장 많이 차지하는 물건은 무엇인가?)

_____

_____

_____

(질문2. 당신은 무엇에 시간을 가장 많이 소비하는가?)

_____

_____

_____

(질문3. 가장 힘이 나고 집중하게 되는 일은 무엇인가?)

_____

_____

_____

(질문4. 당신은 무엇에 돈을 가장 많이 쓰는가?)

_____

_____

_____

(질문5. 무엇에 관한 것이 가장 잘 정리되어 있는가?)

_____

_____

_____

(질문6. 가장 솔선수범해 처리하는 일은 무엇인가?)

_____

_____

_____

(질문7. 무엇에 대해 가장 많이 생각하는가?)

_____

_____

_____

마흔에 버렸더라면 더 좋았을 것들

(질문8. 머릿속에 자주 떠올리는 영상은 무엇인가?)

_____

_____

_____

(질문9. 자기 자신에게 자주 하는 말은 무엇인가?)

_____

_____

_____

(질문10. 무엇에 대해 타인과 가장 자주 이야기하는가?)

_____

_____

_____

특별부록

(질문11. 당신이 가장 감동하고 마음이 움직이는 것은 무엇인가?)

_____

_____

_____

(질문12. 당신은 무엇에 대해 장기적인 목표를 가지고 노력을 오래 기울이는가?)

_____

_____

_____

(질문13. 무엇에 대해 솔선수범해 배우고 정보를 얻으려고 하는가?)

_____

_____

_____

스텝2

스텝1에서 쓴 답변 39개 중 내용이 비슷한 답변들을 한 그룹으로 묶어 보자.

예를 들면 첫 번째 질문 '당신의 공간을 가장 많이 차지하는 물건은 무엇인가?'에 '책(심리학)'이라고 쓰고, 네 번째 질문 '당신은 무엇에 돈을 가장 많이 쓰는가?'에 '심리학 관련 세미나'라고 적었다면 '심리학 공부'라는 이름의 그룹을 만들고 그 안에 두 답변을 넣을 수 있다.

그룹을 만들 때 공통되는 내용은 당신 스스로 생각하자. 또한 각 그룹에 들어가는 답변 수를 괄호 안에 적는다.

그리고 괄호 안의 답변 수가 많은 순서대로 다섯 그룹을 다음과 같이 적기 바란다. 그것이 당신이 가치를 높이 두고 있는 상위 다섯 가지다.

〔예〕 책(심리학), 심리학 관련 세미나, 세션, 최신 세러피 정보→

　　　　① 심리학 공부(4개)

〔예〕 아이와 가는 여행, 자녀 교육비, 육아 과제→ ② 육아(3개)

①　　　　　　　　　　　　　　　　　　　（　　개 ）
_____

②　　　　　　　　　　　　　　　　　　　（　　개 ）
_____

③ _____ (개).

④ _____ (개)

⑤ _____ (개)

스텝3

스텝2에서 꼽은 다섯 그룹 가운데 ①과 ②를 비교해보자.

어느 한쪽에 우선순위를 두어야 하는 상황이 생긴다면 당신은 실제로 ①을 최우선순위에 두는 경우가 많은가? 다시 한 번 숙고해보기 바란다.

①의 사항을 우선시하는 경우가 많다면 그대로 둬도 상관없지만 만일 ②의 사항을 우선시하는 경우가 실제로 많다면 ①과 ②의 순위를 바꿔야 한다. 마찬가지로 ②와 ③을 비교했을 때 우선시하는 경우가 많은 쪽을 위로 올려야 한다. ③과 ④, ④와 ⑤도 마찬가지다.

또한 당신의 가치관을 바르게 적어냈을 때 그룹을 다섯 가지도 만들지 못하고 세 가지나 네 가지밖에 만들지 못할 수 있다. 그래도 괜찮다.

①부터 ⑤까지 비교해 최종 순위를 결정했다면, 다시 써보자.

①   (개)
_____

②   (개)
_____

③   (개)
_____

특별 부록

④ _____ (개)
_____

⑤ _____ (개)
_____

　스텝3까지 완료했다면 당신이 가치를 높이 두는 일이 무엇인지 명확해질 것이다.

　가치관을 바르게 도출하면 '이게 정말 나다'라고 생각할 것이다. 당신은 그 가치관을 중심으로 인생을 살아가야 한다.

디마티니 밸류 팩터®시트
겨울편

질문마다 답변을 세 가지씩 적어보자. '해야 할 일'이나 희망이 아닌, 당신이 실제로 어떠한지를 살펴보며 답변하기 바란다. 반드시 세 가지씩 적어야 한다.

(질문1. 당신의 공간을 가장 많이 차지하는 물건은 무엇인가?)

_____

_____

_____

(질문2. 당신은 무엇에 시간을 가장 많이 소비하는가?)

_____

_____

_____

(질문3. 가장 힘이 나고 집중하게 되는 일은 무엇인가?)

_____

_____

_____

(질문4. 당신은 무엇에 돈을 가장 많이 쓰는가?)

_____

_____

_____

(질문5. 무엇에 관한 것이 가장 잘 정리되어 있는가?)

_____

_____

_____

(질문6. 가장 솔선수범해 처리하는 일은 무엇인가?)

_____

_____

_____

(질문7. 무엇에 대해 가장 많이 생각하는가?)

_____

_____

_____

(질문8. 머릿속에 자주 떠올리는 영상은 무엇인가?)

_____

_____

_____

(질문9. 자기 자신에게 자주 하는 말은 무엇인가?)

_____

_____

_____

(질문10. 무엇에 대해 타인과 가장 자주 이야기하는가?)

_____

_____

_____

(질문11. 당신이 가장 감동하고 마음이 움직이는 것은 무엇인가?)

_____

_____

_____

(질문12. 당신은 무엇에 대해 장기적인 목표를 가지고 노력을 오래 기울이는가?)

_____

_____

_____

(질문13. 무엇에 대해 솔선수범해 배우고 정보를 얻으려고 하는가?)

_____

_____

_____

특별 부록

스텝1에서 쓴 답변 39개 중 내용이 비슷한 답변들을 한 그룹으로 묶어
보자.

예를 들면 첫 번째 질문 '당신의 공간을 가장 많이 차지하는 물건은
무엇인가?'에 '책(심리학)'이라고 쓰고, 네 번째 질문 '당신은 무엇에 돈
을 가장 많이 쓰는가?'에 '심리학 관련 세미나'라고 적었다면 '심리학 공
부'라는 이름의 그룹을 만들고 그 안에 두 답변을 넣을 수 있다.

그룹을 만들 때 공통되는 내용은 당신 스스로 생각하자. 또한 각 그
룹에 들어가는 답변 수를 괄호 안에 적는다.

그리고 괄호 안의 답변 수가 많은 순서대로 다섯 그룹을 다음과 같
이 적기 바란다. 그것이 당신이 가치를 높이 두고 있는 상위 다섯 가지다.

　〔예〕책(심리학), 심리학 관련 세미나, 세션, 최신 세러피 정보→

　　　① 심리학 공부(4개)

　〔예〕아이와 가는 여행, 자녀 교육비, 육아 과제→ ② 육아(3개)

① _____　(　개)

─────────────────────────────────────

② _____　(　개)

─────────────────────────────────────

③   (개)

④   (개)

⑤   (개)

스텝2에서 꼽은 다섯 그룹 가운데 ①과 ②를 비교해보자.

어느 한쪽에 우선순위를 두어야 하는 상황이 생긴다면 당신은 실제로 ①을 최우선순위에 두는 경우가 많은가? 다시 한 번 숙고해보기 바란다.

①의 사항을 우선시하는 경우가 많다면 그대로 둬도 상관없지만 만일 ②의 사항을 우선시하는 경우가 실제로 많다면 ①과 ②의 순위를 바꿔야 한다. 마찬가지로 ②와 ③을 비교했을 때 우선시하는 경우가 많은쪽을 위로 올려야 한다. ③과 ④, ④와 ⑤도 마찬가지다.

또한 당신의 가치관을 바르게 적어냈을 때 그룹을 다섯 가지도 만들지 못하고 세 가지나 네 가지밖에 만들지 못할 수 있다. 그래도 괜찮다.

①부터 ⑤까지 비교해 최종 순위를 결정했다면, 다시 써보자.

① (개)
_____

② (개)
_____

③ (개)
_____

마흔에 버렸더라면 더 좋았을 것들

④   (개)

───

⑤   (개)

───

　스텝3까지 완료했다면 당신이 가치를 높이 두는 일이 무엇인지 명확해질 것이다.

　가치관을 바르게 도출하면 '이게 정말 나다'라고 생각할 것이다. 당신은 그 가치관을 중심으로 인생을 살아가야 한다.

마흔에 버렸더라면
더 좋았을 것들

1판 1쇄 인쇄 | 2023년 10월 10일
1판 1쇄 발행 | 2023년 10월 20일

지은이 고미야 노보루

옮긴이 김해용

발행인 김태웅

책임편집 정상미

디자인 A.u.H design

마케팅 총괄 김철영

마케팅 서재욱, 오승수

온라인 마케팅 김도연

인터넷 관리 김상규

제작 현대순

총무 윤선미, 안서현, 지이슬

관리 김훈희, 이국희, 김승훈, 최국호

발행처 (주)동양북스

등록 제2014-000055호

주소 서울시 마포구 동교로22길 14 (04030)

구입 문의 전화 (02)337-1737 | 팩스 (02)334-6624

내용 문의 전화 (02)337-1739 | 이메일 dymg98@naver.com

네이버포스트 post.naver.com/dymg98

인스타그램 @shelter_dybook

ISBN 979-11-5768-960-6 (03190)